LA BALSA DE PAPEL

Miguel Sales Figueroa (La Habana, 1951) guardó prisión durante ocho años en Cuba por motivos políticos. En 1978 recuperó la libertad y se estableció en Estados Unidos, donde obtuvo una Maestría en Literatura y trabajó en diversos medios de comunicación. En 1994 ingresó en la UNESCO, donde fue traductor, revisor y redactor del Director General, durante los mandatos de Federico Mayor, Koichiro Matsuura e Irina Bokova. En la actualidad, Sales preside la Unión Liberal Cubana y es vicepresidente de la Internacional Liberal, con sede en Londres. Es autor, entre otros títulos, de *Desencuentros* (poesía), *Nacionalismo y revolución en Cuba* (publicado con el pseudónimo de Julián B. Sorel) y *Poscastrismo* (ensayo).

Miguel Sales

LA BALSA DE PAPEL

Crónicas del tardocastrismo

De la presente edición, 2018:

© Miguel Sales
© Editorial Hypermedia

Editorial Hypermedia
www.editorialhypermedia.com
www.hypermediamagazine.com
hypermedia@editorialhypermedia.com

Edición: Ladislao Aguado
Diseño de colección y portada: Herman Vega Vogeler
Corrección y maquetación: Editorial Hypermedia

ISBN: 978-1-948517-09-6

INTRODUCCIÓN

Tras la publicación de los ensayos políticos de Miguel Sales, compilados en el volumen *Poscastrismo* (2017), la Editorial Hypermedia se complace en presentar al lector esta selección de artículos de prensa en los que el escritor analiza, con rigor y aguda prosa, la última etapa del régimen castrista.

Este libro reúne 60 columnas de opinión, escogidas entre las muchas que Sales publicó en diversos medios a lo largo de doce años, aproximadamente de 2005 a 2017.

Los textos abarcan pues una etapa decisiva de la vida política cubana, marcada por sucesos de gran calado: la enfermedad de Fidel Castro, que en 2006 lo apartó del poder, la transferencia del mando a su hermano Raúl, la muerte de Hugo Chávez, el restablecimiento de relaciones diplomáticas con Estados Unidos, la abrogación de la normativa de «pies secos/pies mojados» al final del mandato del presidente Barack Obama, la insurrección popular en Venezuela contra Nicolás Maduro, la victoria electoral de Donald Trump, el fallecimiento casi simultáneo del «Máximo Líder» y los últimos meses de gobierno de Raúl Castro.

En estas *crónicas del tardocastrismo* se trata de esclarecer las tendencias profundas que han operado en la sociedad cubana durante esos años de transición al poscomunismo. Según el autor, los rasgos del nuevo sistema se perfilan ya: un capitalismo de Estado bajo el férreo control del Partido Comunista, dotado de una estructura económica de geometría variable, que tolerará a un sector minoritario de actividad privada y un mayor volumen de inversión extranjera. «Con toda probabilidad esta mezcla desembocará» —afirma Sales— «en un régimen en el que la liturgia y el discurso marxista-leninista servirán para camuflar una entraña de narcocapitalismo de casino».

En este periodo, las autoridades de la Isla se han esforzado por reducir al mínimo los cambios económicos y sociales, por temor a perder el control político. Pero en el mundo actual esa tarea equivale a un empeño de ponerle puertas al campo. La sociedad civil, aplastada durante décadas por los mecanismos represivos del castrismo, renace lentamente en Cuba. Disidentes, jóvenes inconformes, blogueros, artistas e intelectuales, activistas sindicales y familiares de presos políticos se van organizando poco a poco y terminan por ganar espacio público y reconocimiento, allí donde antes imperaba el temor y la propaganda monocorde.

Esta antología levanta acta de ese renacimiento e intenta aportar a la incipiente opinión pública cubana nuevas perspectivas desde las cuales interpretar el acontecer nacional. Como señala el autor, «esta interpretación se basa en el ideario del liberalismo clásico, que hace hincapié en tres principios habilitantes: los derechos a la vida, la libertad y la propiedad, sin los cuales ningún otro derecho puede realizarse plenamente».

PRÓLOGO

Este libro contiene una selección de artículos periodísticos, escogidos entre los muchos que publiqué de 2005 a 2017. En ellos se examinan diversos aspectos de la realidad cubana que la prensa estatal omite o trata de manera parcial y sesgada. Algunos temas conservan más actualidad que otros, pero en conjunto vienen a ser un instrumento que facilita una comprensión más cabal del tardocastrismo, esa fase terminal del experimento socialista que los hermanos Castro y sus aliados iniciaron en 1959, tras derrocar al gobierno autoritario de Fulgencio Batista.

El control de la información y las comunicaciones es indispensable para la instauración de un régimen totalitario. En un contexto de pluralismo y libre debate de opiniones resulta sumamente difícil aplicar las medidas represivas y confiscatorias necesarias para consolidar el monopolio político del partido único, llámese fascista o comunista. La libertad de información y expresión es un baluarte contra el despotismo y la arbitrariedad del poder absoluto.

Por esa razón el derecho a la libertad de expresión figura de manera prominente en la Declaración Universal de Derechos Humanos, aprobada por las Naciones Unidas en 1948. El Artículo 19 de la Declaración estipula que «todo individuo tiene derecho a la libertad de opinión y de expresión; este derecho incluye el de no ser molestado a causa de sus opiniones, el de investigar y recibir informaciones y opiniones, y el de difundirlas, sin limitación de fronteras, por cualquier medio de expresión».

En Cuba, tras la victoria de 1959, el nuevo régimen revolucionario emprendió de inmediato la tarea de someter a la densa red de prensa plana, radio y televisión del país. Primero a través de la censura, el chantaje, la presión de las turbas y la injerencia del sindicato único controlado por el gobierno, y más tarde mediante la confiscación directa, que en la jerga orwelliana del sistema se denominó «nacionalización». En menos de dos años, todos los medios de comunicación social estaban en manos del Estado, que además se había apoderado de imprentas, teatros, salas de cines y centros educativos privados.

Ese dominio absoluto de la información y la comunicación se mantuvo sin fisuras hasta finales de siglo. Pero la revolución tecnológica de los últimos años ha generado un cambio de escenario. La telefonía móvil, la televisión por satélite y el acceso a Internet, aunque limitados y costosos en la Isla, han abierto una brecha considerable en el muro de desinformación y adoctrinamiento que el gobierno levantó para preservar a sus súbditos de «la funesta manía de pensar», que ya denostaban los acólitos de Fernando VII a principios del siglo XIX.

La prensa cubana, que el propio Raúl Castro calificaba todavía en 2018 de «triunfalista, superficial, estridente y aburrida», había cumplido la misión de seleccionar lo que la población debía o no debía saber y la había adoctrinado hasta el hastío mediante un volumen constante de material propagandístico. Sin embargo, los estrategas del Partido Comunista y sus amanuenses de Granma y Juventud Rebelde no alcanzaron a prever la rapidez y el alcance de la transformación que se operaba en el ámbito tecnológico.

Ahora, por primera vez en 60 años, el régimen cubano vuelve a verse expuesto a la circulación de información veraz, el contraste de opiniones y el debate de ideas sin censura ni cortapisas. La escala del fenómeno es todavía reducida, aunque las tendencias actuales indican que será muy difícil frenarlo. Quienes escribimos sobre Cuba en el exilio recibimos de la Isla un volumen de respuestas cada vez mayor y más diverso.

El relato nacional-revolucionario sobre el que se construyó el modelo castrista ha quedado ya tan obsoleto como el empeño totalitario de control del pensamiento ante las nuevas tecnologías. Para cambiar la realidad en la que está atascado, el país necesita un nuevo conjunto de ideas y creencias que le facilite otros modos de interpretación y sirva de sustento a la acción cívica. Los artículos reunidos en esta antología son modestos aportes a esa tarea de restaurar el pluralismo y difundir en la Isla otro ideario, en este caso el de la democracia liberal que ha inspirado estas páginas.

Frente a la ideología socialista que considera a la libertad como un valor relativo y susceptible de limitación arbitraria; a la propiedad como un robo que el Gobierno tiene la obligación de castigar y al individuo como un ente siempre sacrificable en aras del interés colectivo, el liberalismo reivindica al ciudadano individual frente a la intromisión del Estado y considera prioritarios tres derechos básicos, que hacen posibles todos los demás: los derechos a la vida, la libertad y la propiedad.

En los dos siglos y medio transcurridos desde que comenzó a gestarse la independencia de las 13 colonias de América del Norte, la democracia liberal ha demostrado su eficacia como instrumento para organizar sociedades pacíficas, prósperas y razonablemente igualitarias, que amparan los derechos y en las que el ciudadano disfruta de un alto grado de soberanía personal. Ningún otro sistema político, en ninguna latitud, puede exhibir resultados comparables.

La libertad de opinión y de expresión es un pilar indispensable de ese tipo de sociedad, que es la que Cuba deberá construir en los próximos años, cuando acierte a sacudirse el sistema comunista que ahora la atenaza. El ejercicio de esa libertad es condición *sine qua non* para restaurar la tolerancia, la concordia cívica y el respeto al derecho ajeno, y es también el fundamento de la prosperidad y el desarrollo integral.

Miguel Sales Figueroa
Málaga, primavera de 2018

EL RABO DE LA ESFINGE

Entre los muchos incordios del exilio figura el de tener que lidiar reiteradamente con los nostálgicos del castrismo. Esos compatriotas no se resignan a la idea de que «los buenos tiempos» —cuando la URSS pagaba y ellos aplaudían, desfilaban y gritaban «Comandante en Jefe, ordene»— quedaron definitivamente atrás.

Se marcharon de la Isla porque el Muro de Berlín se les cayó encima cuando menos lo esperaban y, de repente, descubrieron que su sensibilidad libertaria no soportaba los camellos, la tilapia, los alumbrones y la batalla de ideas.

Ahora no se quitan de la boca los términos canónicos de la democracia, pero en el fondo de su miocardio verdeolivo late una añoranza pugnaz por el igualitarismo miserable, el pesebre autoritario y la fantasmagoría heroica de la «revolución».

Varios de esos nostálgicos están hoy instalados en universidades y medios de comunicación del Occidente que tanto desprecian y desde allí se dedican a defender oblicuamente las mismas posturas que los verdugos de La Habana, concentrando sus críticas y descalificaciones contra el exilio de Miami y la política exterior del presidente George W. Bush.

Ante sus diatribas, el lector desprevenido podría pensar que los fusilamientos, la represión, la militarización, el monopolio estatal de la prensa y la enseñanza, el fracaso económico y la crisis demográfica que Cuba padece son consecuencia directa de una siniestra conspiración urdida y ejecutada conjuntamente por la Casa Blanca y la Calle Ocho. Fidel Castro y sus secuaces casi no tienen nada que ver en el asunto.

Como apuntó Unamuno, hay quienes se pasan la vida contando los pelos del rabo de la Esfinge por miedo a mirarle a los ojos.

Sirva de ejemplo al canto el embargo que Estados Unidos mantiene (apenas) sobre el régimen cubano. El embargo es, por supuesto, materia opinable. Entre otras cosas, porque nadie es capaz de predecir con exactitud qué va a pasar en Cuba y cuál será el grado de influencia atribuible a la política de Washington en esos hipotéticos sucesos.

Quienes lo critican desde el exilio suelen aducir, entre otras razones, que la abrogación de las restricciones vigentes contribuiría a ablandar el castrismo y a preparar las condiciones para una futura transición pacífica a la democracia. Implícita en este razonamiento va la idea de que buena parte del carácter represivo del régimen castrista se explica como reacción a la hostilidad de Washington. Una vez desaparecida la hostilidad —aseguran—, la dictadura se apaciguaría y se crearían las condiciones que permitirían a la sociedad civil preparar la transición.

Pero la realidad, siempre tan terca, se empeña continuamente en demostrar lo contrario. En estos días, al tiempo que aumentan los negocios con Estados Unidos, se intensifican en la Isla las medidas represivas encaminadas a estrangular la disidencia, restablecer el monopolio estatal de la economía y volver a la planificación centralizada en el peor estilo soviético. Desde la introducción del chavito para sustituir al dólar, hasta el panegírico televisivo de la olla de presión y la ayuda de Pekín, todo indica que el Comandante Único recoge cabos, con miras a dejarlo todo atado y bien atado. O sea, mientras menos embargo, más represión y más estatización.

A la par de los nostálgicos, el gobierno cubano también ataca al embargo y hace todo lo posible para que sus proveedores estadounidenses induzcan a Washington a eliminarlo. Y lo hace no porque la gerontocracia cubana padezca una pulsión suicida o haya perdido la razón, sino precisamente porque ve en la eliminación del embargo una victoria política y económica que consolidaría su dominio sobre la Isla y le permitiría —como aconseja el príncipe de Salinas en las inolvidables páginas de Lampedusa— «cambiarlo todo para que todo siga igual».

De modo que los nostálgicos del exterior y los jerarcas del interior coinciden en un objetivo (la abrogación del embargo) y en los medios de lograrlo (la intoxicación de la opinión pública y la presión sobre los que deciden), aunque sus intenciones son divergentes: la nomenclatura quiere perdurar y los nostálgicos proclaman que su propósito es lograr una transición pacífica a la democracia. El problema radica en que, cuando se trata de política, los actos siempre son más elocuentes que las palabras.

Cabe añadir que la alianza de algunos legisladores estadounidenses en contra del embargo, no es prueba de la irracionalidad de la política de Washington hacia Cuba ni del valor democratizador de las transacciones comerciales. Esos funcionarios sirven a los intereses de sus electores y contribuyentes, y no hace falta disfrazar el afán económico de los campesinos de Dakota o de los exportadores de Alabama con principios humanitarios ni credos democráticos.

Los negociantes van a lo suyo y defienden las posturas del gobierno de Cuba para asegurarse un mercado lucrativo. Están en su derecho. Y les tiene sin cuidado que los dividendos del negocio vayan a parar a las cuentas de Castro en Suiza o que refuercen la capacidad represiva del régimen.

EL PROBLEMA ESTÁ EN LA HABANA

No obstante, el objetivo de esta ofensiva ideológico-comercial va más allá del simple tema del embargo. Los nostálgicos perpetran un reduccionismo de mala fe al caricaturizar al exilio y la oposición, y circunscribir el debate político a la reclamación de propiedades o la demanda de justicia de las víctimas del castrismo. Al hacerlo, tratan de centrar la atención pública exclusivamente en lo que se dice en Miami o lo que se cuece en Washington y, de paso, desanimar a la oposición de la Isla, reforzando el miedo al cambio. Pero el problema sigue estando en lo que hace el régimen de La Habana —en sus nexos con los narcos colombianos, la infiltración en Venezuela, el apoyo al terrorismo y el rosario de miserias que le sigue infligiendo al pueblo de Cuba—, no en lo que opina la Calle Ocho. A quien hay que exigirle que cambie de política, haya o no embargo, es a Fidel Castro. Primero, porque hay una panoplia de medidas represivas en vigor que nada tienen que ver con las relaciones comerciales de la Isla con sus vecinos y, segundo, porque con toda seguridad una atenuación del rigor totalitario contribuiría a mejorar los vínculos de Cuba con el mundo entero, no sólo con Washington.

O sea que, amparados en la tenue hoja de parra del discurso democrático y la transición pacífica, los nuevos/viejos compañeros de viaje contribuyen, por activa y por pasiva, a promover los fines del castrismo en el exterior y a consolidar la tiranía en el interior.

Sin embargo (o más bien con él), no hay que inquietarse demasiado. Las cosas en Cuba van a cambiar, a pesar de los nostálgicos y los jerarcas, de los artesanos de piñatas y los muñidores de seudotransiciones dinásticas, de quienes pretenden imponer la amnesia, amparar a los verdugos y colocar a buen recaudo los bienes mal habidos de la nomenclatura. Porque, como escribió uno de los filósofos más lúcidos de nuestra era, «el amor también combate, no vegeta en la paz turbia de los compromisos».

En Cuba, la única transición fructífera será la que se funde en la verdad y la justicia: luz y taquígrafos. Lo otro es convocar al gatuperio y urdir penumbra para que todos los Castros parezcan pardos.

Por mi parte, desde ahora pido que en la Cuba del futuro haya cabida y respeto para esos nostálgicos y pelillos a la mar (aunque sean los del rabo de la Esfinge). El Partido Comunista de la extinta Unión Soviética tenía 20 millones de afiliados en 1991. Hoy las conmemoraciones de la Gloriosa Revolución de Octubre apenas reúnen a un puñado de fieles, que desfilan ante la momia de Lenin y desfogan su añoranza cantando La Internacional. Y no pasa nada.

POTAJE DE ESTADÍSTICAS

Cuenta una leyenda que poco después de estallar la Revolución Francesa, la reina María Antonieta, sorprendida por la violencia de la insurrección, preguntó a un noble de la corte por qué se amotinaban los pobres delante del Palacio de Versalles. «Es que no tienen pan para comer», le respondió el cortesano. «Pues si no tienen pan, que coman bizcocho», replicó la soberana.

La anécdota ha pasado a la historia como muestra del cinismo de la esposa de Luis XVI. Lo más probable es que fuera una invención de los detractores de la monarquía o, de haber ocurrido en realidad, fuese un comentario inocente, producto de la ingenua cosmovisión que compartían muchísimas aristócratas de la época.

No se sabe si la visión de la realidad nacional que tiene el ministro de Economía y Planificación de Cuba, José Luis Rodríguez, es cínica o ingenua (o ambas). Pero en su último discurso, pronunciado la semana pasada en La Habana con motivo del VI Congreso de la Asociación Nacional de Economistas y Contadores, parecía decir a los cubanos de a pie que si a partir de ahora ya no encuentran yuca o boniato en el mercado campesino, siempre pueden intentar comerse un buen potaje de estadísticas.

Con abundancia de cifras y datos, el camarada señor ministro explicó que la economía de la Isla ha venido creciendo desde 1995 a una tasa media anual equivalente a casi el 4 por ciento del PIB. Aseguró además que las previsiones para este año 2005 son aún más optimistas: un aumento cercano al 9 por ciento.

Este extraordinario desempeño se debe, afirmó, a la eficiencia de sectores como el turismo, la salud pública, la informática, y a los créditos de China y Venezuela. Sin duda, algo influyeron también, aunque el ministro no insistió en eso, los dólares y los bienes de consumo que los cubanos exiliados remiten cada año a sus familiares de la Isla.

El problema de esas estadísticas color de rosa es que al confrontarlas con la terca realidad se destiñen hasta adquirir una mustia tonalidad gris-ratón. Resulta difícil creer en la exactitud de las cifras que expone el ministro Rodríguez, cuando se sabe que los últimos años han estado marcados por la sequía, los ciclones, el hundimiento de la industria azucarera, la crisis del transporte, los apagones, el desempleo —sobre todo entre los jóvenes y los ex obreros industriales— y la emigración creciente.

¿Cómo compaginar un cuadro teórico tan halagüeño con una realidad cotidiana tan desoladora? Por ejemplo, el propio gobierno afirmaba en los años noventa que para lograr los índices de desarrollo previstos era preciso que el turismo creciera hasta alcanzar los dos millones de visitantes en el año 2000. Pues bien, esa cifra tan sólo se logró en 2004, o sea, con cuatro años de retraso sobre el plan. Otro tanto podría decirse de sectores fundamentales como la generación de energía o el transporte, que han incumplido sistemáticamente los planes establecidos.

Además, las estadísticas del ministro superan con creces las previsiones más optimistas de los organismos internacionales, como la CEPAL, y quedan también muy por encima de los cálculos que formulan los economistas independientes de mayor solvencia. Claro que es difícil evaluar la actuación de la economía cubana, debido a la falta de información sobre aspectos fundamentales de su funcionamiento, la paridad artificial de las monedas y la casi imposibilidad de homologar los datos nacionales con los que se emplean en el resto del planeta.

Pero aun suponiendo que las afirmaciones del ministro reflejen exactamente la realidad del país, el cuadro de la economía nacional esbozado en su discurso es descorazonador.

La economía cubana entró en una fase de estancamiento en 1986, tres años antes de que cayera el Muro de Berlín. Prácticamente no hubo crecimiento alguno entre 1986 y 1989, y a partir de este último año el PIB cayó en picado hasta 1993. Hoy se calcula que en esos años la Isla perdió del 35 al 50 por ciento del PIB, con los consiguientes efectos sobre el nivel de vida de sus habitantes.

La recuperación iniciada a partir de 1994 —gracias a la apertura al turismo, la legalización del dólar, la autorización de las remesas del extranjero y otras reformas orientadas al mercado— perdió ímpetu a causa de las medidas estatistas y centralizadoras adoptadas de nuevo por el gobierno desde 1997.

Si los cálculos del ministro Rodríguez son exactos, Cuba apenas ha recuperado a finales de 2005 el PIB que tenía en 1986. Es decir, que la Isla no alcanza todavía a producir la misma cantidad de bienes y servicios que hace 20 años. Con el agravante de que ahora, a pesar de la emigración, el país cuenta con un millón más de habitantes.

O sea, que el ingreso per cápita real es todavía de un 10 a un 15 por ciento menor de lo que fue en 1986 —año en que la vida en Cuba no era precisamente una maravilla, aunque el contraste con el Período Especial que vino después le confiera hoy un aura dorada en la memoria de muchos ciudadanos.

Para colmo, lo que se anuncia es aún peor. La nueva edición de la «ofensiva revolucionaria» que Fidel Castro lanzó el mes pasado va dirigida precisamente contra algunos de los factores que propiciaron la recuperación económica de 1994: la iniciativa privada, la recepción de divisas que envían los familiares exiliados, los servicios particulares, la producción de artesanías y los mercados campesinos.

Temeroso de la creciente autonomía personal que genera la independencia económica del ciudadano, el régimen se dispone a recoger cabos para dejarlo todo «atado y bien atado» con miras a la sucesión dinástica. Aunque sepa que al hacerlo machaca el magro bienestar que con mucho esfuerzo y gran inventiva había alcanzado una parte de la población.

UNA DE CAL Y CUATRO DE ARENA

«Ser de la izquierda es, como ser de la derecha, una de las infinitas maneras que el hombre puede elegir para ser un imbécil: ambas, en efecto, son formas de la hemiplejía moral».

La frase es de Ortega y Gasset y figura en el prólogo que en 1937 añadió al más célebre de sus ensayos, La rebelión de las masas, escrito a finales de la década de 1920. Si la traigo a colación es porque todavía hoy, después de lo mucho que ha llovido desde 1959, los voceros del castrismo en el exterior se empeñan en utilizar las borrosas categorías a diestra y siniestra —nunca mejor dicho— en beneficio del régimen de La Habana, agitando el espantapájaros de una presunta «derecha batistiana» que atrincherada en Miami esperaría la ocasión de reimplantar en Cuba algo parecido a la dictadura del difunto general.

La disyuntiva quizá tuviera algún sentido en 1789, cuando en la Asamblea Nacional francesa los partidarios del Tercer Estado se sentaron a la izquierda del rey y los representantes de la nobleza lo hicieron a su derecha. Pero hoy resulta una invocación huera: los valores y atributos que supuestamente definieron en el siglo XIX a ambas tendencias se hallan mezclados en diversa proporción en los partidos y las corrientes que conforman el espectro político actual. No hay una «izquierda progresista» opuesta a una «derecha reaccionaria» como tampoco hubo 20.000 muertos bajo el régimen de Batista ni 11.000 vírgenes que acompañaron a Santa Úrsula. Todo eso pertenece al ámbito de la fábula y ningún historiador o sociólogo medianamente enterado emplea esas categorías para describir la realidad. Ni siquiera el esfuerzo teórico de Norberto Bobbio, basado en el binomio libertad-igualdad, arroja resultados verificables cuando se aplica a los regímenes y las ideologías existentes. Otra cosa muy distinta es el aprovechamiento demagógico de conceptos ambiguos pero cargados de emotividad. A los propagandistas del castrismo les resulta útil definir las posturas favorables al embargo parcial que Estados Unidos mantiene sobre el gobierno cubano como un producto del «derechismo batistiano». Los órganos de difusión de La Habana no se cansan de repetir que Miami está dominada por una «mafia contrarrevolucionaria» ávida de venganza, dispuesta a invadir la isla en la primera ocasión que se le presente para despojar a los cubanos de las escuelas, los hospitales y las medallas olímpicas que el castrismo les ha proporcionado y, de paso, deportar al niño Elián a Disneyworld.

Agotada la vigencia social del nacionalrevolucionarismo y menguada la ayuda exterior que permitía paliar los dislates económicos, al Máximo Líder y a sus secuaces tan sólo les queda el discurso del miedo. Según ese enfoque, el ejército, el partido único y el mando indiviso e incontestable del Comandante en Jefe constituyen el escudo que protege a la población cubana de los horrores y sufrimientos que les tienen preparados los «batistianos» y sus padrinos, los yanquis anexionistas. De ese modo, el problema de Cuba deja de ser el de una tiranía de medio siglo, un modelo de sociedad fracasado y la caduca ideología que lo sustenta, y pasa a ser el de una confrontación militar inminente en la que estaría en juego la supervivencia misma de la nación. Socialismo o muerte, valga la redundancia.

Pero el afán inmovilista de una minoría dominante enrocada en sus privilegios no basta para detener el curso de la historia. La etapa que se avecina será uno de esos momentos en que diversos protagonistas de la política cubana volverán a disponer de cierto margen de autonomía para tomar decisiones que incidirán en la vida del país. (En los últimos 47 años el único centro de decisión ha sido Castro: desde la invasión de Angola hasta la distribución de chocolatinas, pasando por la fecha de inseminación de Ubre Blanca o la tasa de cambio del chavito: nada ha sido demasiado grande ni demasiado pequeño ni demasiado abstruso para escapar al ukase del Comandante). Por eso conviene aclarar los términos del problema y desinflar los mitos que tanto han contribuido a la supervivencia del régimen actual.

Quienes todavía creen en la dicotomía derecha/izquierda y pretenden aplicarla a la realidad cubana, suelen ejercer también la equidistancia moral en el exilio. Se diría que una nace de la otra, como el calor de la llama o la forma del fondo. La esencia del razonamiento es la siguiente: la extrema derecha capitalista + Bush está en el mismo plano ético que la extrema izquierda comunista + Castro. Ambas conspiran contra la felicidad del pueblo cubano. Ellos (los puros, los buenos, los demócratas, los moderados, los centristas, los pinos nuevos, los portavoces del amor, los razonables, los caritativos, etc.) se mantienen tan alejados de una postura como de la otra, criticando a las dos. Pero como viven en una sociedad capitalista que les garantiza, entre otras, la libertad de expresión, reservan lo mejor y más granado de su indignación moral para atacar los aspectos de esta sociedad en los que tratan de influir y casi no malgastan munición en criticar al comunismo. Dan una de cal y cuatro de arena.

Pero por más que los «puros» se empeñen en disfrazar a los gatos de liebres, Bush y la derecha capitalista no son el equivalente moral de Castro y la izquierda socialista. Ni por la legitimidad de su origen, ni por las condiciones de actuación, ni por la escala de responsabilidades ni por los plazos prefijados en los que ejercerá y abandonará el mando, el gobierno de Estados Unidos es homologable con el de Cuba. Colocarlos en el mismo plano como las dos caras del extremismo político es un sofisma que sirve objetivamente (como les gusta decir a los marxistas) sobre todo al castrismo y sus aliados. A estas alturas de la historia, la hemiplejía moral, más que síntoma de estulticia voluntaria, es indicio de complicidad dolosa.

EL PERRO Y EL COLLAR

En el discurso que pronunció a finales de 2005 ante el Parlamento cubano, el ministro de Relaciones Exteriores Felipe Pérez Roque manifestó por vez primera en público su preocupación por el poscastrismo que se avecina. En esencia, el canciller se limitó a glosar algunos aspectos del larguísimo y caótico monólogo que Fidel Castro les había infligido a quienes asistieron al acto celebrado en la Universidad de La Habana el pasado 17 de noviembre.

La alocución de Pérez Roque hace pensar en aquel anuncio tan bonito de la empresa RCA Víctor, en el que un can escuchaba embelesado la voz de su dueño, que un fonógrafo antiguo repetía. La fidelidad (lealtad) del animal hacía eco a la fidelidad (exactitud) del aparato. Bajo la imagen, campeaba una sola una frase: «la voz de su amo». Pues eso: ante la mal llamada Asamblea del Poder Popular, Pérez Roque reprodujo fielmente la voz de su amo.

Al parecer, Castro no estaba muy satisfecho con su monólogo de noviembre. En las seis horas de verborrea, las ideas fundamentales quedaron sepultadas por la frondosidad del balbuceo y los caprichosos saltos de un tema a otro. Era necesario entresacar los conceptos clave y repetirlos de manera más concisa, para que el asunto quedara claro. Y encargó al ministro de exponerlos de nuevo, esta vez ante el cónclave de notables del régimen, que se reúne cuatro días al año para aprobar por unanimidad y a mano alzada cuanto les echen.

Una vez separada la paja del grano, estas son las tres ideas que sustentan la estrategia de Castro y Pérez para apuntalar el proyecto de sucesión dinástica, conservando incólume el gobierno y el Partido Comunista, tras la muerte del caudillo. Con acento dramático, el canciller les llamó «las premisas para salvar la revolución»:

1. La autoridad por el ejemplo:

Pérez Roque propugna «un liderazgo basado en el ejemplo, que emana de la conducta austera, de la dedicación al trabajo, de que nuestro pueblo sepa que los que dirigen no tienen privilegios...». Esta premisa es sin duda la más inquietante para la cúpula actual. El dardo envenenado parece apuntar a los mandos «históricos», que por edad y tiempo en el poder se han enriquecido y aburguesado más que los recién llegados, y que en el marco de la lucha actual contra la corrupción corren el riesgo de verse desplazados por los talibanes.

La clase gerencial salida de las filas del Partido y el Ejército en el decenio de 1990 se acostumbró a las delicias del capitalismo de Estado. Pero lo que Castro ha decretado desde hace más de un año y está en marcha ahora es la vuelta al centralismo de los años 1970, la restauración de la ideología marxista-leninista y la reducción al mínimo de la autonomía económica de la población.

2. Ideas sí, consumo no:

El canciller postula la necesidad de «conservar» el apoyo popular «no sobre la base del consumo material, sino sobre la base de las ideas y las convicciones». Dicho de otro modo, Castro y Pérez han llegado a la conclusión de que, a pesar de la ayuda que reciben de Hugo Chávez, de los ingresos del turismo y las remesas que envían los exiliados, la ineficacia del modelo estatista es de tal magnitud que apenas conseguirán mantener el consumo en los niveles actuales.

En la medida en que el Estado vuelva a clausurar los espacios económicos que había cedido a la iniciativa privada, los pocos bienes y servicios que estaban disponibles empezarán a desaparecer. Y mientras más parcelas de la actividad productiva vuelvan a manos estatales, menos artículos y prestaciones llegarán al consumidor.

A estas alturas, es difícil creer que los bienes y servicios que el sistema no ha logrado proporcionarle a la población en 47 años de poder absoluto los va a generar por arte de magia a partir de los factores disponibles. Cuando se tienen en cuenta el estado real de la economía, la baja productividad, los índices de ingreso y gasto nacional, la situación de las infraestructuras —agua, vivienda, carreteras, electricidad—, el mal comportamiento de la balanza de pagos y la pésima gestión habitual, no se encuentran muchos motivos de optimismo.

Según confesó recientemente el propio ministro de Economía, todavía en 2006 el país no ha recuperado los niveles de PIB y de ingreso per cápita que tenía hace 20 años. Y quienes tienen edad suficiente para recordar cómo se vivía en Cuba en 1986, saben que aquel periodo no fue precisamente la Edad de Oro. Por lo tanto, habrá que seguir ahogando las expectativas de mejoras materiales en una marea de propaganda, lemas y consignas.

3. Mantener el monopolio político y económico del Estado:

La tercera premisa perezroqueña consiste en conservar la propiedad estatal de los medios de producción. Porque —dijo— «al final el tema decisivo es quién recibe el ingreso, si las mayorías y el pueblo (sic) o la minoría oligárquica, transnacional y proyanki».

Y la exégesis continuó con unos párrafos que son una estupenda muestra del nivel intelectual y político que prevalece en la magna asamblea legislativa cubana: «¿Quién garantiza únicamente que la mayoría sea la que disfrute de la mayor parte del ingreso (...) y que sea dueña de la mayor parte de la propiedad? El Estado socialista (...) y el día que en Cuba el enemigo lograra —que no lo logrará— desmantelar el Estado socialista derrotando a la Revolución, aquí se pierde no sólo la Revolución y el Estado, aquí se pierde la nación, porque Cuba sería absorbida, Cuba sería convertida en un municipio de Miami».

La frase merecería figurar en los anales de la oratoria parlamentaria nacional, junto con la del representante de Matanzas que en la década de 1940 pidió en un discurso que si se traían góndolas para ponerlas en el río Yumurí, se compraran también 'góndolos' para luego vender las crías y amortizar el costo del proyecto.

El silogismo es harto conocido: en Cuba el gobierno no es mero gobierno, sino es «la revolución», encarnada en el Partido Comunista, que es una misma cosa con el Estado y con la nación. De ahí que cualquier gobierno que no sea una dictadura marxista-leninista conduciría inexorablemente a la anexión, no ya norteamericana, sino miamense, municipal y espesa.

Poco importa que la nación cubana haya existido antes de tener un Estado, que luego ese Estado haya tenido diversos gobiernos, que esos gobiernos hayan sido la obra de diferentes partidos políticos, etcétera. El canciller Pérez hace tabla rasa de todo eso y nos explica sin sonrojo que Estado, gobierno, partido, nación y revolución vienen a ser un mismo ajiaco, y que si los cubanos tratan de cambiar el sistema que los oprime, terminarán sometidos a la alcaldía del Condado de Miami-Dade.

O sea, que no tienen más remedio que apoyar el modelo totalitario actual y obedecer a los funcionarios «puros» que se repartirán el pastel tras la muerte de Castro. De otro modo, el país pasará a ser una entelequia de rango algo menor que Puerto Rico —que al fin y al cabo es Estado Libre Asociado— y algo mayor —por superficie y población— que Hialeah y Coral Gables.

En síntesis, la estrategia de Pérez Roque consiste en lograr que la economía siga en manos del Estado, el Estado en manos del Partido Comunista y el Partido Comunista en manos de la élite que hoy ocupa los puestos claves del gobierno, tras purgar a los «corruptos».

En ese esquema, la mayoría de la población continuaría como hasta ahora: malviviendo de las dádivas estatales y entretenida con el *teque,* la batalla de ideas y las marchas del pueblo combatiente. Glosando mal al príncipe de Salinas, el canciller propone la original idea de no cambiar nada para que todo siga igual. Es la distancia que va de la prosa de El Gatopardo a la gramática parda del funcionario obsecuente.

A pesar de que sus facultades menguan a ojos vista, Castro ha conseguido hasta ahora mantener esa estructura piramidal totalitaria, gracias a su habilidad para monopolizar todos los poderes y, al mismo tiempo, preservar incólume el aparato represivo. No es probable que sus herederos logren hacer otro tanto.

Por el momento, Pérez Roque está sumando a su cargo de canciller la función de cancerbero de la pureza ideológica del castrismo póstumo. En todo caso, lo que él y sus aliados quieren hacer para inaugurar la nueva era es imponer al pueblo de Cuba el mismo perro con el mismo collar. Pero en la Isla la mayoría de la gente cree más bien en otro refrán canino, precisamente el que les quita el sueño a los jerarcas: muerto el perro, se acabó la rabia.

CAMUFLAJE LÉXICO

En las páginas de 1984, George Orwell describe con ironía la perversión del lenguaje en el mundo totalitario. Winston Smith, el protagonista de la novela, trabaja en el Ministerio de la Verdad, que se ocupa sobre todo de la propaganda. Su vida está encuadrada además por los Ministerios de la Paz, el Amor y la Abundancia, que tienen por cometidos respectivos gestionar la guerra, la represión y el racionamiento. Porque en el mundo del socialismo real casi nada es lo que parece y, para más inri, a menudo se le designa con el nombre opuesto.

Quizá sea ésa la consecuencia más visible del misterioso proceso dialéctico que los chamanes del marxismo denominan «unidad y lucha de contrarios» y «negación de la negación».

Durante casi medio siglo, esa operación de camuflaje léxico se ha llevado a cabo en Cuba, con premeditación, tenacidad y alevosía. Se ha generado así un lenguaje que sirve no tanto para nombrar las cosas como para disimularlas. Hay un Departamento de Inmigración que se ocupa esencialmente de la gente que emigra, una libreta de abastecimiento que sirve para racionar el consumo y una constelación de actividades voluntarias que son, en realidad, obligatorias.

El gobierno no vende los productos sino que «los da» («¿qué dan esta semana por la libreta?»), aunque en verdad los cobre, con frecuencia a precios descabellados. Cuando las tiendas carecen de un artículo no se trata de que éste falte o de que no haya —así, sin más—, sino que «está... en falta». La lista, entre jocosa y deprimente, podría alargarse con docenas de ejemplos. Pero el aspecto más delirante del asunto se revela en el uso de la jerga específicamente política que conforma el discurso oficial. Es ahí donde el divorcio entre la realidad y las palabras que supuestamente la describen alcanza tal magnitud, que resulta imposible saber a qué atenerse.

Sin duda esa indefinición, ese juego de espejos deformantes, es un instrumento más del dispositivo de control que garantiza el dominio *sine die* del Estado sobre la sociedad civil. En un sistema como el cubano, cualquier intento de ordenar y aclarar este caos conceptual viene a ser, por definición, un acto subversivo.

El ejemplo más elocuente, entre los muchos que se repiten a diario, se halla en el uso del concepto «revolución» y del adjetivo «revolucionario». En Cuba, «la revolución» es una entelequia que engloba al Estado, el Gobierno, el Partido Único, la sociedad encuadrada en las «organizaciones de masas», las luchas de finales de los años cincuenta y, sobre todo, al Comandante en Jefe de todo lo comandable.

De modo que, cuando los jerarcas del régimen hablan de «la revolución», uno nunca sabe si se refieren a la insurrección y el terrorismo urbano que provocaron la caída del gobierno de Fulgencio Batista en 1958, al régimen caudillesco/totalitario implantado después, al gobierno que hoy gestiona el desastre del tardocastrismo o a las caprichosas decisiones que Castro ha tomado a lo largo de este medio siglo.

Por un lado se trata de presentar el orden de cosas vigente como una prolongación orgánica de la «gesta» de 1953-1958: un pueblo unánime en pie de lucha contra el capitalismo mundial, bajo la dirección del mismo caudillo que lo ha mandado desde que hace 53 años encabezó el ataque contra el cuartel Moncada en Santiago de Cuba («siempre es 26»).

Por el otro, se trata de aprovechar el prestigio residual que el término «revolución» conserva entre ciertos sectores de la progresía intelectual y la opinión pública («hasta la victoria, siempre»). No es lo mismo ser el presidente de un gobierno totalitario, caduco y fracasado, que ser el jefe de una «revolución» que periódicamente subvierte el orden y lanza a las masas hacia nuevas conquistas sociales. Aunque esas conquistas sean ahora una olla de presión, algunos paquetes de chocolate y la promesa de unas horas más de electricidad diaria para cada familia.

En ese ajiaco conceptual que prevalece en la Isla, a nadie le sorprende que un ministro advierta al Parlamento que «el día que en Cuba el enemigo lograra —que no lo logrará— desmantelar el Estado socialista derrotando a la Revolución, aquí se pierde no sólo la Revolución y el Estado, aquí se pierde la nación, porque Cuba sería absorbida, Cuba sería convertida en un municipio de Miami» (Felipe Pérez Roque, 27/12/2005).

Porque, finalmente, «revolución» es todo y es nada al mismo tiempo: acontecimiento y objeto, cambio y petrificación. Pero, sobre todo, es manifestación del capricho del Máximo Líder, que hoy puede decidir esto y mañana lo contrario, sin que nadie se atreva a contradecirlo.

Es a esa arbitrariedad absoluta a lo que se refiere la lacayuna ocurrencia que pretende explicar la pervivencia del castrismo tras la caída de la URSS, por el hecho de que «Fidel es al mismo tiempo el jefe del Gobierno y el líder de la oposición», formulada por uno de sus más fervientes admiradores, y que repite con beatitud algún que otro epígono del marxismo tercermundista.

El miedo que impone el aparato represivo cubano y la perversión del lenguaje inherente al totalitarismo son las dos caras del mismo chavito. Ambos han engendrado el hábito de vivir con temor y expresarse con duplicidad, y han originado una patología social que bien podría denominarse 'trizofrenia': la mayoría de los cubanos piensa una cosa, dice otra y hace una tercera, que a menudo no guarda relación alguna con lo que inicialmente dijo o pensó.

Entre otros males, la «revolución» exige un simulacro perenne de adhesión que permite escenificar la comedia de la cohesión nacional y la obediencia inquebrantable al caudillo omnisciente y todopoderoso. Esa vida pública ficticia termina por vaciar al ser humano de autenticidad. «Man is only half himself», escribió Emerson, «the other half is his expression».

Cuando los pueblos viven etapas muy prolongadas de sometimiento, esa falsedad permanente de la vida social termina por afectar también a la vida privada y por corroer las más íntimas convicciones. El resultado inmediato en esos casos no es casi nunca la revuelta, sino la decepción, el cinismo y la abdicación de todo proyecto colectivo.

Pero estos períodos de inautenticidad general suelen ir seguidos de otros de renacimiento moral. Por lo general, esa recuperación empieza a manifestarse en el arte, la filosofía y la ciencia, antes de difundirse al resto de la sociedad. Desde hace algún tiempo, menudean en Cuba los síntomas de que ese rearme moral ha comenzado ya.

El primero y más enérgico de todos es el rechazo del camuflaje léxico que protagonizan las nuevas generaciones. Una urgencia de claridad y desnudez late en las obras de los jóvenes creadores que en los últimos quince años vienen revitalizando la cultura cubana. Han descartado los lugares comunes del discurso oficial y se niegan a apagar la luz para que todos los Castros parezcan pardos. Es cierto que, con demasiada frecuencia, el régimen les impone un apagón, pero ellos esperan pacientemente al nuevo día y vuelven a la obra, con mirada lúcida e instinto certero.

Ese afán de verdad, esa urgencia de expresar las convicciones auténticas tal como se sienten y no como las pretenden disfrazar las consignas y los lemas del régimen, constituye uno de los síntomas más claros de que se inicia otra era de la vida nacional. Al ser humano le resulta más fácil morir con honra que pensar con orden, afirma Ortega, y los cubanos no han sido la excepción. Pero las nuevas generaciones vienen vacunadas contra cualquier propensión heroica y, en cambio, parecen dispuestas a establecer una claridad conceptual y una higiene de ideales que acabe de una vez con la farándula crepuscular y patriotera del régimen actual. Así sea.

EUSEBIO PEÑALVER IN MEMORIAM

En los últimos tiempos tengo la impresión de que la gente escribe notas necrológicas sobre todo por la vanidad de figurar junto al muerto célebre. En esos obituarios lo importante no es lo que el finado hizo o dejó de hacer, sino lo que le dijo al autor o las impresiones que compartieron en el viaje a tal sitio o los vinos que degustaron en aquella cena. El asunto es salir en la foto, aunque ésta sea póstuma.

Para esquivar esa tentación, empezaré por declarar simplemente que el muerto al que dedico estas líneas ha sido mi amigo. Pasamos muchos años juntos, en condiciones difíciles. Nos dijimos muchas cosas, inteligentes, tontas o anodinas. Viajamos esposados en furgones policiales, con escolta plural y olivácea. Nos reímos con ganas de los verdugos que nos atropellaban. Compartimos el rancho asqueroso de la cárcel y la esperanza de la libertad.

Ahora mi amigo se ha ido. El cáncer venció la reciedumbre que las bayonetas, el hambre y el confinamiento solitario no lograron doblegar durante casi tres décadas de encierro.

Eusebio Peñalver Mazorra —Peña, para sus amigos—, cubano de Camagüey, era negro y luchó por sus ideales: la libertad, la igualdad de derechos y la dignidad de todos los seres humanos. Combatió, con las armas en la mano, a las dictaduras de Fulgencio Batista y de Fidel Castro.

Terminó la primera campaña con grados de oficial del ejército insurgente. Cuando comprobó que el 1 de enero de 1959 no era el alba de la libertad soñada sino el inicio de una nueva y más ominosa tiranía, se alzó por segunda vez en las montañas del Escambray. Fue hecho prisionero y condenado a 30 años de cárcel en juicio sumarísimo.

Las prisiones del castrismo no han sido amenas para ninguno de los numerosísimos seres humanos que el régimen ha encarcelado desde su implantación en 1959. Para Peñalver las condiciones del confinamiento fueron a menudo doblemente arduas. Porque las autoridades consideraban que los negros cubanos, por definición, tenían que apoyar incondicionalmente a Castro.

El nuevo gobierno había adoptado algunas medidas contra la discriminación racial y se encargaba muy bien de recordárselo, un día sí y otro también, a toda la población de la Isla. Pero además, por diversas razones, Batista había contado con amplias simpatías entre la población de color.

De modo que un revolucionario negro y de origen humilde, que hubiera luchado contra el régimen del 10 de marzo y se alzara luego en armas contra la dictadura castrista era un fenómeno que rompía todos los esquemas ideológicos de la casta dominante —blanca, paternalista, urbana y de clase media. Era una persona que atraía como un imán el rencor de los carceleros máximos y la violencia de sus sicarios.

(A quien crea que exagero, le recomiendo que lea el discurso que Castro balbució hace apenas unos días, el 1 de mayo de 2006. En medio de las habituales críticas a Estados Unidos, el dictador vierte un caudal de injurias sobre Peñalver y otros ex prisioneros políticos residentes en Miami. Después de machacarlo durante 28 años en la prisión —»¡28 años!, como si uno fuera pichón de elefante», solía decir Peña— y de desterrarlo durante otros 17, todavía el octogenario mandamás se dedica a calumniarlo desde la tribuna, en uno de sus frecuentes espasmos logorreicos).

En más de una ocasión la prensa occidental comparó a Eusebio Peñalver con Nelson Mandela. Paralelismo incómodo, ése del sufrimiento. Mandela soportó sus años de cárcel y luego el destino le permitió contribuir desde el gobierno a la evolución de su país hacia un régimen más democrático y equitativo. Peña no tuvo tanta suerte. Pero la libertad de Cuba, cuando algún día vuelva a amanecer, le deberá parte de su luz al denuedo de este hombre negro, humilde, valiente y leal, que supo vivir para su patria y morir sin amo.

«No temáis que se extinga su sangre sin objeto», escribió Miguel Hernández ante el cadáver de Pablo de la Torriente Brau en Majadahonda, «porque éste es de los muertos que crecen y se agrandan / aunque el tiempo devaste su gigante esqueleto».

La familia de Peñalver y sus amigos, que éramos su segunda familia, hemos sufrido una pérdida enorme, la de un paladín de la libertad. El pueblo de Cuba también, aunque temo que tardará mucho tiempo en enterarse y aún más en comprenderlo.

LA ISLA DE LA SENECTUD

Hace unos días, la prensa oficialista cubana empezó a analizar por primera vez el envejecimiento de la población de la Isla.

Durante largo tiempo el asunto había sido un tabú de máximo orden, en un país cuyo gobierno ha tratado siempre de proyectar una imagen nacional de dinamismo, entusiasmo y pueril unanimidad. Pero en mayo pasado, el periódico Juventud Rebelde le dedicó al tema un artículo publicado en dos partes, bajo un título que parece sacado de un culebrón venezolano de los años ochenta: «Vientre sin semilla».

En síntesis, el escrito de 17 folios viene a decir que las cubanas en edad fértil no paren lo bastante como para que se mantenga el nivel de población actual (han pasado de 4 hijos por mujer en 1965 a 1,5 en la actualidad) y, en consecuencia, hay cada vez menos niños y más viejos.

En el periodo 1990-2000, cada nuevo día la Isla amaneció con 85 ancianos más y 227 jóvenes menos. De continuar esta tendencia, a la vuelta de pocas décadas Cuba tendría más jubilados que personas en edad laboral y hacia el año 2035 contaría con más de un millón de octogenarios.

El trabajo, firmado por cinco periodistas, tiene el mérito de enunciar el problema, aunque luego lo enreda en una espesa casuística de anécdotas, «testimonios» y comentarios que impiden al lector ir al meollo del asunto. Ni las causas reales ni las consecuencias mediatas figuran con claridad en el texto, que da vueltas y más vueltas en torno al asunto, con evidente preocupación de no caer en la incorrección ideológica.

Y es que la crisis demográfica cubana tiene una carga política demasiado peligrosa para cualquiera que se gane los chícharos escribiendo en las «papelas» gubernamentales.

A lo largo de casi medio siglo, la versión oficial de esta tendencia demográfica fue a la vez primaria y triunfalista: el descenso de la natalidad era prueba irrefutable de la modernización de la sociedad cubana y del desarrollo que el castrismo había aportado al país.

Si crecía la proporción de viejos y la pirámide demográfica se ensanchaba por arriba hasta adquirir el perfil de un trompo, era por dos razones: a) la expectativa de vida había aumentado gracias a los avances de la medicina socialista y b) nacían menos niños porque las mujeres, dueñas de su sexualidad y liberadas de la esclavitud doméstica, tenían actividades más interesantes a las que consagrar su tiempo y esfuerzo. Más o menos —afirmaban— lo mismo que había ocurrido en Francia o en Suecia, durante ese período.

Nadie pone en duda que los avances de la ciencia han contribuido a alargar la duración media de la vida humana —tanto en la India como en Malawi o Guatemala—, ni que la función social de las mujeres ha cambiado —sobre todo en Occidente— y que esa mutación ha repercutido en las tasas de fecundidad.

Es casi una perogrullada afirmar que esas transformaciones habrían ocurrido también en Cuba, con castrismo o sin él. Otra cosa es querer apuntar esos logros científicos y esas tendencias colectivas en el haber del socialismo; son más bien las sociedades capitalistas de Europa y América del Norte las que han incubado el 99 por ciento de esos cambios.

El mundo soviético —cuando existía— y los restos del imperio que han sobrevivido —Cuba, Corea del Norte— se han limitado a copiar y tratar de aclimatar al contexto totalitario los frutos obtenidos por los países democráticos, desde la vacuna contra la polio hasta la píldora anticonceptiva y los ordenadores.

Pero el problema del rápido envejecimiento de la población, tal como se manifiesta actualmente en la Isla, tiene otros aspectos que no concurren en los países desarrollados y que es necesario airear aquí.

En el capítulo de las causas, cabe destacar la función que desempeñan la represión, el fracaso económico del régimen y las desesperantes condiciones en las que malvive la mayoría de los cubanos. La crisis insoluble de la vivienda, la escasez de agua y electricidad, las dificultades del transporte, la mala alimentación, la falta de ropa y zapatos, y, sobre todo, la convicción de que nada de eso va a mejorar en el futuro, constituyen otros tantos elementos disuasivos de la natalidad en la Isla.

El resultado es que las tasas de aborto y emigración de Cuba figuran entre las más altas del planeta —al igual que los índices de suicidios—. En esas condiciones, muchísimas mujeres jóvenes se niegan a tener hijos; otras aplazan la decisión en espera de marchar al exilio y tenerlos allí.

Si en estos años el éxodo de más de un millón de cubanos ha sido una forma de «votar con los pies» en contra de la dictadura, la crisis de la natalidad viene a ser el equivalente de una «huelga de vientres vacíos» contra un sistema donde el propio cuerpo es casi lo único que escapa —a ratos— al control del gobierno.

Respecto a las consecuencias, el asunto no puede ser más ominoso. El aumento exponencial del número de ancianos, unido a la disminución de la población activa, es un factor adicional de empobrecimiento para una sociedad que ya padece índices muy bajos de productividad y de creación de riqueza.

Por más que la propaganda oficial destaque las medidas de protección a la tercera edad dictadas por el gobierno, esos arbitrios no pasan de ser paliativos mínimos, en un país donde la jubilación promedio es de cinco o seis dólares mensuales y las condiciones de vida en las que transcurre la vejez son incluso peores —si cabe— que las de la juventud.

Porque a las restricciones económicas impuestas por el régimen, que ha impedido toda capitalización privada a quienes no son miembros de la nomenklatura, se añaden la quiebra de los valores familiares, la feroz insolidaridad que genera la actitud de «sálvese quien pueda» predominante hoy en la Isla y la imposibilidad práctica, para la mayoría de los viejos, de emprender a estas alturas el camino del exilio.

El aspecto más visible de esta situación son los miles de ancianos que mendigan o pasan el día tratando de vender cigarrillos o alguna otra fruslería en calles y parques de La Habana y otras ciudades. Un giro siniestro de los últimos años ha sido el reclutamiento de algunos de ellos para perpetrar actos de repudio contra los disidentes. Esta especie de 'Brigadas Seniles de Respuesta Rápida' ha demostrado particular ahínco en el cumplimiento de su innoble misión.

La grave situación demográfica —que es tan sólo un aspecto de la crisis general del país— subraya lo que ya parecía obvio: si el castrismo perdura algunos años más, Cuba se convertirá inexorablemente en eso que en los medios diplomáticos se denomina un 'basket case', o sea, una nación que sobrevive básicamente de las dádivas y la ayuda internacional.

Si los cubanos no consiguen sacudirse pronto el vetusto aparato estatal que el castrismo les ha impuesto y no logran transformar rápidamente la estructura económica y poblacional del país, la Isla llegará a ser un gigantesco asilo geriátrico cuyos internos serán cada vez más pobres y dependientes de la caridad ajena —ya sea el petróleo de Hugo Chávez, las remesas de los parientes de Miami o los envíos de las ONG humanitarias.

En esa configuración, la espiral de emigración, envejecimiento y pobreza seguirá cerrándose y el país perderá definitivamente toda posibilidad de volver a ser algún día una nación libre y próspera.

Para entonces, el periódico Juventud Rebelde —si todavía existe— tal vez decida ponerse un nombre más acorde con la realidad nacional y pase a llamarse Vejez Obediente.

CEBRAS LETALES

En España se llaman pasos de peatones y en Francia, *passages cloutés*, porque inicialmente estaban bordeados de grandes clavos (*clous*) de bronce incrustados entre los adoquines. En Cuba y en Inglaterra les dicen cebras, por la analogía de las rayas blancas sobre la negra piel del asfalto.

Hasta había una cancioncita que en La Habana, en el decenio de 1960, repetían en radio y televisión en el marco de una campaña de educación vial: «Al cruzar la calle / hazlo por la cebra / la cebra te espera / te invita a pasar...». La melodía procedía de una archisabida lección de solfeo del método de Hilarión Eslava, por lo que el anuncio se volvió muy popular. Do-mi-do-mi-sol-do, si-la-sol-fa-mi-re...

Andando el tiempo, la confianza ingenua en la seguridad que las cebras proporcionan al peatón se transformaría en una trampa mortal para muchos exiliados cubanos. En conjunto, quienes hemos huido del régimen de Fidel Castro tenemos una tasa de siniestralidad vial elevadísima, por lo menos mil veces superior a la del resto de los mortales, y la mayoría de los accidentes se producen precisamente en las cebras. Aquí van algunos ejemplos:

Hace cuatro años, Manuel Antonio Sánchez Pérez cruzaba por un paso de peatones en el centro de Barcelona cuando una moto de gran cilindrada lo atropelló. El golpe le produjo graves traumatismos y una pérdida de masa encefálica que poco después le causó la muerte.

Manolo había sido viceministro del gobierno de Castro. En diciembre de 1985 pidió asilo en España. Unos días más tarde, un equipo de agentes cubanos intentó secuestrarlo a mediodía, cuando salía de un banco situado en el madrileño Paseo de la Castellana. La intervención de la policía española impidió el rapto. La frustrada operación provocó la expulsión de varios diplomáticos cubanos y agrió por un tiempo las relaciones entre ambos gobiernos.

Una tarde de verano de 2005 el pintor Guido Llinás Quintáns cruzaba un paso de peatones en la avenida de Nogent, que atraviesa el Bois de Vincennes, en el este de París, cuando una moto de gran cilindrada lo atropelló. Guido llegó al hospital en estado de coma y murió un mes después, sin haber recuperado el conocimiento.

Miembro del Grupo de los Once, fundador del abstraccionismo en Cuba, Guido vivía exiliado en Francia desde 1963. Aunque no militaba en ningún grupo político, mantuvo siempre una actitud de firme crítica al régimen castrista. Su obra figura hoy en los principales museos de pintura moderna del mundo.

Pero los accidentes de circulación que han diezmado al exilio cubano en Europa no pueden atribuirse exclusivamente a las cebras. En el verano de 2006 la doctora Martha Frayde se disponía a subir a un taxi en Madrid cuando el vehículo arrancó inopinadamente y la arrastró varios metros. Pese a su avanzada edad, la Dra. Frayde sobrevivió a las lesiones, aunque sufrió una fractura de cadera que la ha mantenido largos meses recluida en un hospital.

En el decenio de 1970 Martha Frayde fue una estrecha colaboradora de Castro y desempeñó altos cargos en su gobierno, entre otros el de embajadora ante la UNESCO. Luego pasó a la oposición, sufrió cárcel y ostracismo, y desde los años ochenta dirige una revista de derechos humanos que se publica en Madrid.

Quizá el antecedente más claro de esta propensión a sufrir accidentes de tráfico que padecemos los opositores cubanos sea el caso del sacerdote Miguel Ángel Loredo. Después de cumplir diez años de cárcel como preso político plantado por una causa que la policía amañó para condenarlo, el padre Loredo regresó a su parroquia en 1976 y reanudó su labor pastoral.

Poeta y pintor, además de cura franciscano, Loredo gozó pronto de extraordinaria popularidad entre los jóvenes habaneros, que empezaron a frecuentar los templos donde predicaba. El gobierno presionó a la Conferencia Episcopal para que lo obligara a exiliarse, pero Loredo se negó a partir.

En 1982, mientras hacía su recorrido habitual entre dos iglesias, un camión lo atropelló en la Virgen del Camino. Después de golpearlo y lanzarlo contra un muro, el conductor del camión aceleró y se perdió de vista. El cura salvó la vida de milagro, gracias a que un auto lo recogió y lo llevó a un hospital.

Estoy seguro de que ha habido otros incidentes similares y que son más abundantes en Europa que —digamos— en Estados Unidos, donde se camina menos y se circula más en automóvil. Me he limitado a relatar algunos casos de amigos muy cercanos, con los que he departido en muchas ocasiones y cuyo destino personal me afecta íntimamente.

Ahora permítanme contarles mi propia experiencia cebrística. El miércoles 17 de enero de 2007, salí de mi despacho en el centro de París y regresé a casa a la hora habitual, alrededor de las siete de la noche. Dejé el automóvil donde siempre suelo hacerlo, en un pequeño aparcamiento situado frente a la Embajada de Chile, en el número 2 de la avenida de La Motte Picquet.

Era ya de noche y lloviznaba ligeramente, por lo que saqué un gran paraguas negro que siempre llevo en el auto. Cogí también una bolsa blanca de plástico que contenía algunos libros y me dispuse a cruzar la avenida en dirección al bulevar de La Tour Maubourg. En ese punto el paso de peatones está iluminado por dos grandes farolas situadas en las aceras y una especie de linterna vertical empotrada en un zócalo de granito que se alza en el centro de la calzada.

Los coches que podían venir por mi izquierda estaban detenidos por la luz roja del semáforo y la figurilla en verde que tenía enfrente indicaba que podía cruzar sin peligro. Miré a ambos lados, comprobé que no venía nada y eché a andar. Cuando había recorrido la mitad de la distancia que me separaba del centro de la avenida, oí el ruido de un motor que se aproximaba rápidamente.

En un primer instante no me alarmé: cualquier vehículo está obligado a frenar ante un semáforo en rojo y, en el caso de que el conductor tuviese mucha prisa y quisiera saltarse la prohibición, siempre tenía espacio suficiente para pasar a mis espaldas. Pero cuatro o cinco metros antes de llegar a la altura de la cebra, el automóvil aceleró aún más y giró ligeramente a la izquierda, o sea, en la dirección hacia la que yo avanzaba. En una fracción de segundo, miré al costado, vi que venía directamente hacia mí con los faros apagados y tuve el reflejo de saltar hacia delante.

El coche pasó a dos centímetros de mi espalda y caí de bruces en la «isla» medianera que forman el poste del semáforo, la linterna baja y los zócalos de granito. Cuando me puse en pie, el auto ya se encontraba a 100 metros de distancia y seguía avanzando a toda velocidad en dirección a la Escuela Militar y el Campo de Marte. Imposible distinguir el número de matrícula o la marca del vehículo. Ningún testigo, ninguna prueba de lo que (casi) sucedió.

Si la embestida hubiera tenido éxito, hoy no podría redactar estas líneas. Habida cuenta de la velocidad que llevaba el coche, estaría muerto o gravemente herido en una cama de hospital. Pero todo habría parecido un banal accidente de circulación. El culpable, en caso de que llegaran a identificarlo, sería un sicario de poca monta, sin ninguna conexión posible con los servicios de espionaje cubanos. Un marginal, extranjero quizá, que ese día se había tomado dos tragos de más y que ni siquiera tenía permiso de conducir.

En el peor de los casos (para él) una acusación de homicidio involuntario comporta una sentencia de pocos años de cárcel, que se transforman en pocos meses por el juego de la remisión de penas. Luego, hubiera podido regresar a su país de origen y cobrar allí el precio de sus servicios. Veinte mil dólares no dan para mucho en París, pero son una pequeña fortuna en Siria, Nicaragua o Camerún. Contrariamente a lo que aprendimos en las películas policíacas del siglo XX, el crimen perfecto sí existe y al que lo hace le pagan.

¿Por qué la policía política del régimen cubano se dedica a eliminar selectivamente a algunos de sus adversarios de segunda o tercera fila? ¿Qué busca con estos atentados? ¿Qué lógica sustenta sus decisiones?

Confieso que no tengo respuesta para estos interrogantes ni me interesa ponerme en el lugar de los verdugos para tratar de comprender sus actos. Habría que preguntarles a los generales y coroneles que en un despacho climatizado de La Habana, entre mojitos y cohíbas, deciden sobre la vida y la muerte de otros seres humanos.

Los motivos quizá no sean muy claros, pero el *modus operandi* es obvio y los resultados están ahí. La probabilidad estadística de que todos estos sucesos hayan sido accidentales es numéricamente igual a la de que un ex espía ruso se haya bebido casualmente un batido de guanábana aliñado con polonio 210 en una cafetería turca de Edimburgo.

Además, la idea de eliminar a figuras de segunda o tercera categoría coincide con la modalidad de represión que se aplica en la Isla. Con una o dos excepciones, los 75 opositores y periodistas independientes encarcelados durante la batida contra la disidencia realizada en 2003 correspondían a ese perfil. Los dirigentes de los movimientos quedaron fuera, en libertad vigilada, pero los lugartenientes fueron a dar con sus huesos en prisión. Una manera menos costosa —desde el punto de vista de la opinión pública mundial— y más eficaz de atemorizar a las masas.

Con estas líneas he querido dejar constancia de mi incredulidad ante tanta aparente coincidencia y ante la indiferencia con que estos hechos se han aceptado hasta ahora. Después de todo lo que me ha tocado vivir, no voy a cambiar en nada mis hábitos ni a andar mirando siempre por encima del hombro, de modo que tal vez en algún momento me atropelle una moto al cruzar la calle o pille una indigestión terminal de *foie gras* contaminado en mi restaurante favorito. Si ocurriese algo así, que nadie piense que fue un accidente.

TESTIGO DE NOBLEZA

El sábado 24 de febrero de 2007 —aniversario 112 del Grito de Baire— se nos murió en Miami Mario Chanes de Armas. Muy pocos cubanos de las últimas generaciones saben quién fue. Quizá yo tampoco lo hubiera sabido nunca, de no haber sido porque en los años sesenta me encarcelaron —cuando todavía era menor de edad— y en el presidio político coincidí con él y con su hermano Paco.

A pesar de la diferencia de edad, llegamos a ser buenos amigos. Andando el tiempo, los avatares de la vida carcelaria nos llevaron a compartir galeras y pabellones de castigo, por la geografía del prolijo gulag de la Isla. Cuando en 1978 nos despedimos por última vez en Cuba, ocupábamos dos literas contiguas en la celda 1402 del edificio número uno del Combinado del Este, un paradigma de arquitectura estalinista que el régimen había construido poco antes.

Por entonces, Mario había pasado ya casi 19 años en la cárcel, sin contar el tiempo que había permanecido encerrado en el Castillo del Príncipe y el Presidio Modelo de Isla de Pinos bajo la dictadura de Batista.

Luego cumpliría 11 más, para alcanzar la triste marca de 30 años de prisión de máxima severidad, récord absoluto en el sistema comunista cubano. Porque Mario no sólo era un plantado que había rechazado todos los planes de «reeducación» y «rehabilitación» que el gobierno había tratado de imponerle, sino que además pertenecía a la exigua y riesgosa categoría de «presos de Fidel»: los reos cuyas condiciones de reclusión fueron (son) particularmente severas e inhumanas, porque, por las razones más diversas, el Comandante en Jefe sentía (siente) especial inquina hacia ellos.

En esa época los «presos de Fidel» formaban un grupo heterogéneo, que incluía, entre otros, al dirigente estudiantil Pedro Luis Boitel, que murió en

45

huelga de hambre en el Castillo del Príncipe en 1973; a Huber Matos, el comandante que se atrevió a denunciar en 1959 el rumbo comunista que tomaba la revolución y tuvo que cumplir 20 años de cárcel por una carta de dimisión; al ingeniero Pepe Pujals, que conspiró para derrocar al régimen y se salvó del paredón de fusilamiento sólo para pasar 28 años entre las rejas; a Andrés Vargas Gómez, nieto del Generalísimo Máximo Gómez, que se infiltró en la Isla poco antes del desembarco de Playa Girón para coordinar las acciones de la resistencia; al comandante César Páez, que murió en prisión en 1977, a los 40 años de edad, víctima de atroces condiciones de reclusión; al poeta Jorge Vals, influyente teórico del Directorio Estudiantil Revolucionario en las luchas revolucionarias; a Rafael del Pino, ex amigo de Castro, testigo de su boda y luego su enemigo íntimo, herido en 1959 cuando intentaba sacar del país a varios opositores y posteriormente «suicidado» en una celda del Combinado del Este; al comandante del ejército constitucional Felipe Mirabal, presunto padre biológico de Raúl Castro, que pasó más de 20 años condenado a muerte, y a ocho o diez personas más.

Entre ellos, Mario ocupaba un sitio prominente. Porque Mario Chanes había acompañado a Castro en el ataque al cuartel Moncada y luego en la prisión de Isla de Pinos, y más tarde en el exilio de México, y aún después en el naufragio del yate Granma ante la costa de Manzanillo. Cuando todas esas iniciativas fracasaron, se sumó a la lucha clandestina en La Habana, hasta que la policía del antiguo régimen lo arrestó, torturó y mandó a la cárcel.

El 1 de enero de 1959, Mario era uno de los pocos supervivientes del grupo que siete años antes había emprendido la lucha armada a las órdenes de Castro. Tenía más antigüedad en el movimiento insurreccional que Ernesto Che Guevara o Camilo Cienfuegos, los comandantes que luego el régimen mitificaría. Había sido jefe de los jefes que bajaban de la Sierra Maestra, a veces sin haber disparado un tiro, y ocupaban regimientos y ministerios. Su ejecutoria revolucionaria era intachable y, si hubiera decidido servir al nuevo caudillo, sin duda habría ocupado puestos importantes a su vera.

Pero Mario Chanes no había escogido el camino de la lucha insurreccional para cosechar cargos ni prebendas. La dictadura de Batista se había desplomado y se abría una era de concordia y libertad para todos los cubanos. Habría elecciones libres, de las que saldría un gobierno honrado y progresista, que encaminaría al país por la senda del desarrollo y la justicia social. O al menos así lo creyeron muchos de los que, como él, arriesgaron la vida con generosidad y saludaron el triunfo de 1959.

Por eso Mario rechazó los cargos que Castro le ofreció y recuperó su modesto empleo en la cervecería La Polar y sus funciones de dirigente sindical. No sospechó que al hacerlo estaba firmando su propia sentencia de prisión. El Comandante en Jefe, que urdía ya el entramado de su dictadura personal, no le perdonó nunca la renuncia a participar en el nuevo régimen al hombre que lo había ayudado, con lealtad y valentía, a triunfar en el empeño guerrillero. Unos meses después, la policía política arrestó a Paco y a Mario, y un tribunal militar los condenó —sin pruebas y con el concurso de testigos amaestrados— a 20 y 30 años de cárcel, respectivamente.

Paco cumplió su condena y marchó al exilio, donde falleció en 1991. Mario cumplió, día por día, los 30 años a los que fue sentenciado. En la cárcel aguantó con entereza todas las penalidades, desde el plan de trabajos forzados y las huelgas de hambre hasta la muerte de su único hijo, en la década de 1980. El ensañamiento personal de Castro era de tal ahínco, que ni siquiera en esa ocasión el director de la prisión le permitió asistir al funeral bajo escolta.

Lo más extraordinario de la vida de Mario Chanes de Armas no fueron sus aventuras revolucionarias de la época de Batista, a pesar del papel estelar que le tocó desempeñar en esa etapa, sino el valor y la dignidad con los que hizo frente a seis lustros de cárcel y maltrato. En ciertas ocasiones, los generales y jerarcas del Partido Comunista que pasaban por La Cabaña o el Combinado del Este se acercaban a la reja de la galera y pedían hablar con Mario.

Yo fui testigo casual de alguna de esas entrevistas y del respeto y la mal disimulada admiración que sus propios enemigos le manifestaban. Mario tomaba todo aquello con la misma calma con la que había vivido sus momentos de gloria insurreccional. Era un hombre ecuánime, sonriente y modesto, que había aceptado el sacrificio, a sabiendas de que sólo recibiría en pago el resentimiento de los trepadores y la indiferencia de la masa obsecuente.

Después de pasar 30 años en las cárceles de Castro y haber salido de Cuba gracias a la solidaridad del exilio, Mario dedicó el resto de sus días a dar testimonio de su experiencia y a suscitar la condena del régimen de La Habana en los foros internacionales. Como director de la agrupación Plantados hasta la libertad y la democracia en Cuba, llevó su mensaje de dignidad y justicia a cuantos quisieron escucharle. Sin odio, con la misma serenidad y firmeza con las que se enfrentó a sus verdugos.

Finalmente, la enfermedad y la muerte lograron acallar la voz que los muros, el hambre y las bayonetas no habían podido sofocar.

Desde hace mucho tiempo, siempre que pienso en Mario Chanes me vienen a la mente los conocidísimos versos de Luis Cernuda: «Recuérdalo tú y recuérdalo a otros, / Cuando asqueados de la bajeza humana, / Cuando iracundos de la dureza humana: / Este hombre solo, este acto solo, esta fe sola».

A nosotros los cubanos, que estos años andamos tan escasos de grandeza y generosidad, se nos murió el 24 de febrero un gran hombre, un héroe modesto y sonriente, que fue capaz de luchar toda su vida, hasta las últimas consecuencias, por la libertad de su pueblo: «un testigo irrefutable de toda la nobleza humana».

REFLEXIÓN SOBRE LA INMORTALIDAD DEL COMANDANTE

Cuando los corresponsales extranjeros acreditados en Cuba indagan entre la población sobre los cambios ocurridos en los últimos 14 meses, desde que Fidel Castro, por motivos de salud, tuvo que ceder interinamente el mando a su hermano Raúl y a un grupo de colaboradores, la gente suele señalar en primer término la ausencia de los discursos de seis o siete horas.

A falta de medidas concretas que mejoren la vida cotidiana, la población considera que la desaparición del *teque* fidelista es ya un alivio. Los viejos secuaces de la *nomenklatura*, obligados a aguantar inmóviles en la tribuna la presión de la próstata irritada durante las largas peroratas, son los primeros agradecidos, aunque no se atrevan a manifestarlo. También respiran aliviados los súbditos, que ahora pueden ver tranquilamente en televisión las novelas brasileñas o los juegos de pelota. Como dicen en Andalucía, menos aceite da una piedra.

En octubre de 2004, cuando el Comandante se cayó en Santa Clara y se rompió la rodilla, circuló por internet un soneto casi premonitorio que terminaba así: «El Granma explica hoy, en plúmbeo texto/ que se quebró la chueca, pero el resto/ del viejo rufián no sufre mengua./ El pueblo combatiente, consternado/ lamenta que no se haya fracturado/ además de la rótula, la lengua».

Hoy el Comandante apenas puede hablar, pero «reflexiona». En vez de pronunciar catilinarias de arrabal, ante la cáfila de partidarios supuestos o reales ataviados con gorras y banderitas, el anciano logorreico «escribe». ¿De qué? Pues de todo, o casi: el etanol, los submarinos británicos, el golpe de Estado que quiso darle al gobierno constitucional de Carlos Prío en 1951, aprovechando el sepelio de Eduardo Chibás, y el misil que explotó en el Pentágono el 11 de septiembre de 2001 y que la Casa Blanca ha escamoteado afirmando que fue un avión de línea secuestrado por terroristas islámicos.

49

(Otra de las magnas revelaciones fue oral: el 5 de junio, en soliloquio filmado ante Randy Alonso, dijo que Francia había considerado la posibilidad de usar armas atómicas en Dien Bien Phu. Es una pena que la batalla se librara en 1954 y el primer ensayo nuclear francés no ocurriera sino ocho años después, en 1962. Pero eso es *peccata minuta*).

El Máximo Líder es de cálamo fácil, variopinta erudición y memoria enciclopédica. Así, ocupa sus ocios de convaleciente en redactar su testamento filosófico-literario para beneficio de la atribulada Humanidad. Acumula citas, reproduce cables de agencia, añade refritos de viejos discursos y recuerdos polvorientos, lugares comunes, tópicos y banalidades. El diario Granma publica los textos y luego el Ministerio de Educación los compila, encuaderna y distribuye a todas las escuelas de la Isla, donde se convierten en asignatura obligatoria para grandes y chicos.

De lo que no escribe el Comandante es de la realidad inmediata del país: la falta de agua potable o electricidad, la vivienda, el transporte, el mal estado de escuelas y hospitales, la comida, la ropa y los zapatos, la crisis demográfica y el éxodo que no cesa. La excepción fue un breve comentario sobre dos boxeadores que «desertaron» durante los Juegos Panamericanos de Río de Janeiro (en Cuba los atletas no se asilan, deciden quedarse en el extranjero o simplemente se marchan, sino que «desertan», como si fueran soldados que abandonan un regimiento), aunque luego se arrepintieron y volvieron al redil.

Confrontado a la imagen terrible de su propia decadencia física y mental, el Primer Secretario no pierde el tiempo en glosar el deterioro de la Isla. Diríase que el otrora gárrulo presidente vitalicio, ahora grafómano senil, no ha hecho más que volver a las mañas de su juventud: allá por 1947, en medio del ajetreo gansteril de la UIR, hallaba tiempo para pergeñar algún panfleto que luego le publicaban los periódicos de la época. Pero, sin necesidad de comparar la prensa y la sociedad de entonces con las de ahora, cabe constatar la diferente eficacia de la palabra hablada o gritada ante la multitud y la que aparece en un diario oficial. Melancólica diferencia, si es que el Comandante llega a darse cuenta.

Los presuntos destinatarios de la segunda no sólo lo ningunean, sino que andan diciendo que los textos son de algún *negro* (sin racismo, así se llama en español y francés al amanuense que los ingleses denominan *ghost writer*), probablemente de su secretario particular, Carlos Valenciaga.

Ni en la más calenturienta y etílica fantasía de sobremesa, los secuaces que aspiran a heredar el mando en la Isla imaginaron nunca el lance en el que ahora se ven atrapados. El Comandante está lo suficientemente muerto como para no poder gobernar, pero sigue lo suficientemente vivo como para impedir que otros lo hagan. Los adláteres se consuelan al comprobar que no pasa nada (el que se mueve no sale en la foto), como si la parálisis y la sumisión fueran la mejor garantía de la supervivencia a plazo medio del régimen. Y Hugo Chávez, portavoz oficioso del estado de salud de Castro, asegura que el enfermo no agoniza, sino convalece, y que puede seguir así durante 100 años más.

En visita reciente a Brasil, el inefable caudillo venezolano terminó una conferencia de prensa con una jaculatoria que debe de ponerle los pelos de punta a más de uno en la Isla: «Fidel, ponte el uniforme».

¿GLASNOST EN CUBA?

La invitación del dictador interino Raúl Castro para que la población opine sobre lo que no funciona en el comunismo cubano y las glosas al asunto del vicepresidente Carlos Lage, el canciller Felipe Pérez Roque y el flamante ministro de Comunicaciones, Ramiro Valdés, han abundado en la idea de que esas opiniones van a servir para resucitar al moribundo sistema imperante en la Isla.

«Nuestra agenda es hacer cuanto resulte sensato y posible, eliminar lo que sea absurdo, conciliar cada logro y asegurar cada día más la plena soberanía del país, el socialismo como fundamento de la independencia y el desarrollo material», proclamó Valdés recientemente.

El más elemental sentido común apunta a que una estrategia (si alguna hay) basada en reformas cosméticas, discursos soberanistas y socialismo (del siglo XXI o del XIX, tanto monta), como base del desarrollo, no va a producir resultados muy diferentes de los obtenidos en los últimos cincuenta años. En todo caso, los frutos serán aún más escasos y amargos, porque el país se ha empobrecido considerablemente en esas décadas y el contexto internacional es ahora menos favorable para experimentar con nuevas modalidades de colectivismo.

Tras la victoria de 1959, el régimen castrista sobrevivió diez años a expensas de la herencia económica de la República y otros treinta gracias a los subsidios soviéticos. Ni el patrimonio de la era socialista ni los petrodólares de Hugo Chávez alcanzarán ahora a cumplir esa función con la misma eficacia.

Con diversas etiquetas, ese ejercicio de «rectificaciones» periódicas ha formado parte de la liturgia castrista desde la etapa inicial del régimen. La población lo sabe y conoce también los límites tácitos de esa inusitada libertad de expresión que las autoridades solicitan ahora con tan sospechoso ahínco.

Los exordios gubernamentales ponen además de manifiesto otras características de ese mismo sistema que hasta ahora sus defensores negaban enfáticamente. Según Valdés, «la inercia, el dogmatismo y el estilo burocrático» siguen predominando en el aparato gubernamental de la Isla. Cómo puede ocurrir algo así tras medio siglo de «lucha contra el burocratismo», «vigilancia revolucionaria» y «creatividad marxista», es uno de esos misterios insondables del socialismo científico a la cubana.

Consecuencia de lo anterior: «las fuerzas productivas están trabadas» en muchos puntos del aparato económico, que depende de fórmulas anquilosadas y anacrónicas. «Hay que revisar y actualizar críticamente las fórmulas que aplicamos en la economía...». Como suelen decir los juristas, a confesión de parte, relevo de prueba.

La exhortación a opinar demuestra también que las «masas» han carecido hasta ahora de medios para debatir los problemas nacionales e influir en la formulación de las medidas políticas que rigen la vida del país. Si para escuchar las opiniones de la población y tomarlas en cuenta es preciso convocar asambleas especiales, resulta obvio que los canales habituales de la sociedad no han cumplido nunca esa tarea.

A la masa se le ha asignado la función de llenar la plaza, aplaudir y agitar banderitas en los desfiles (y poner la carne de cañón en África, y cortar la caña, y un largo etcétera de cometidos que servían a los intereses de la minoría gobernante). Ni los sindicatos, ni la federación de mujeres, ni los comités de defensa, ni la prensa, ni las asociaciones profesionales, ni la Asamblea del Poder Popular han sido otra cosa que correas de transmisión para «bajar las orientaciones» de la cúpula dirigente a la plebe encuadrada y sumisa.

En eso consiste siempre la democracia socialista: los órganos del Poder Popular «decidían» dar lechada a los contenes y barrer las calles para recibir en loor de multitud a cualquier sátrapa africano, pero no tuvieron voz ni voto en la decisión de enviar un ejército a luchar en Angola o en la de abrir la economía nacional a la inversión extranjera.

Claro que la retórica de la dirigencia se mantiene en el grado de abstracción suficiente como para no especificar la lista de los males que padece la población y, sobre todo, para no ir a las raíces del asunto. Es poco probable que en el debate se pongan seriamente en tela de juicio los aspectos fundamentales del problema, como el hecho evidente de que el monopolio del Estado sociocaudillista es el origen del fracaso económico del país. Porque el mantra marxista de la base y la superestructura aparece allí vuelto al revés: es la falta de libertades y el dogal militarista del régimen lo que determina la ineficacia de su aparato productivo.

La confiscación de los bienes de los ciudadanos de carne y hueso en aras de un hipotético bienestar común no ha servido más que para enriquecer a la casta dominante que hoy ejerce el poder y usufructúa la riqueza nacional. En ese punto, la contumacia de la dirigencia está formulada en términos inequívocos: nada de ceder a las tentaciones del liberalismo y devolver a cada cubano el derecho a crear empresas y a disfrutar libremente del fruto de su esfuerzo.

El Estado —o sea, el reducido grupo de altos funcionarios que administra al partido único— seguirá siendo el dueño de los medios de producción y de los servicios, de la prensa escrita, la radio y la televisión, y seguirá decidiendo qué puede almorzar cada uno, cómo ha de viajar de un sitio a otro y cuáles libros tendrán que leer sus hijos en la escuela.

Tampoco parece probable que nadie vaya a sostener, por ejemplo, que el antiyanquismo es una coartada anacrónica y que convendría revisar la política de confrontación permanente con Estados Unidos, que ha sido la razón de ser del castrismo y la fuente principal de las simpatías o de la complicidad internacional con el gobierno de La Habana. Y eso, a pesar de que buena parte de los recursos y alimentos de que disponen los cubanos provienen hoy de los bancos de la Florida y las granjas de Nebraska.

Un planteamiento de esa índole obligaría a reexaminar la leyenda del pequeño David nacionalrevolucionario amenazado desde el siglo XIX por el Goliat imperialista anglosajón, que no escatima esfuerzos para apoderarse de la Isla o, al menos, para convertirla en un barrio de Miami (según declaró textualmente Pérez Roque en 2006).

Ese análisis llevaría quizá a reconsiderar la función de Estados Unidos en la historia de Cuba, desde la política de neutralidad del presidente Ulysses S. Grant en 1869 hasta el impasse actual, pasando por la guerra de 1898, las ocupaciones militares, la Mediación de 1933, el papel de sus inversionistas en la economía insular, la influencia cultural, etcétera.

Y, por supuesto, no cabe esperar debate alguno sobre los «logros» del socialismo cubano. No habrá quien impugne el precio exorbitante que el país ha tenido que pagar por unos resultados a veces ilusorios (la calidad de la medicina), a veces disparatados (las escuelas en el campo) y a veces suntuarios (las medallas olímpicas).

El voluntarismo y la mala gestión que han presidido la política económica del castrismo determinaron una asignación arbitraria de los limitados recursos disponibles.

Si la población hubiera podido expresarse e influir en esas decisiones —como suele hacerse cotidianamente en los sistemas democráticos, mediante la prensa, los sindicatos, los partidos políticos y las asociaciones representativas de la sociedad civil—, tal vez habría preferido que el gobierno gastara menos en formar médicos y deportistas estelares e invirtiese más en el sector de la vivienda, el transporte o la energía. Sobre todo cuando los diplomados de la Universidad terminan ejerciendo de meseros y chóferes de taxi para acoger a los turistas y los atletas huyen de la Isla en cuanto se les presenta la ocasión.

Desde que el gobierno actual llegó al poder, su estrategia político-económica fue muy simple: mejorar las condiciones de vida del diez por ciento más pobre de la población, aun a expensas de aplastar al noventa por ciento restante. La minoría beneficiaria aportaría la tropa de choque indispensable para conservar el poder *sine die*. Porque en el mundo de hoy el armamento moderno y los medios de difusión masiva permiten mantener el control de un país —sobre todo si se trata de una Isla— con un mínimo de adhesiones. La situación actual es la consecuencia —quizá irónica y un tanto imprevista, pero evidente— de esa opción estratégica.

El reclamo de la dirigencia de escuchar la voz de las masas hasta ayer afónicas no será el equivalente cubano de la convocatoria de los Estados Generales en el Versalles de Luis XVI, ni del desencadenamiento de la Glasnost en la antigua Unión Soviética.

El comunismo dinástico cubano conoce los límites de la opinión, la fragilidad del Estado —pese a su apariencia monolítica— y la debilidad de la sociedad vivibunda sobre la que impera. Y sabe además que, a diferencia de lo que ocurre en los regímenes democráticos, el sistema no necesita del consenso nacional para mantenerse en el poder. Basta con que la minoría dominante siga contando con el petróleo que le envía Hugo Chávez, los dólares que mandan los exiliados y las propinas que dejan los turistas, y que pueda repartir las migajas entre el diez por ciento de la población que le sirve de guardia pretoriana.

¿CUBANEZUELA?

La anexión de Cuba a Venezuela, que Hugo Chávez resucita ahora con la anuencia de los hermanos Castro, es —afirman— un viejo sueño bolivariano. Tan viejo, por lo menos, como el que soñaron Thomas Jefferson y John Quincy Adams después de que en 1821 España le cediera la Florida a Estados Unidos. En realidad, es incluso más antiguo: el proyecto de un gran imperio continental que uniría a todas las posesiones españolas y portuguesas de América no fue de Simón Bolívar, sino de Francisco de Miranda, que ya en 1801 lo formuló con lujo de detalles.

Según el plan que imaginó el precursor de la independencia suramericana, los territorios emancipados de la Corona constituirían una federación gobernada por dos «Incas», que ejercerían el poder ejecutivo supremo, un «Curaca» o administrador local por cada provincia y un conjunto de «Amautas» que legislarían en la Dieta o Parlamento Imperial. La elección de los títulos era un guiño demagógico dirigido a los aborígenes del sur del continente. El gobierno central tendría su sede en una nueva capital, Colombo, que se edificaría en Panamá. El Brasil y las Antillas entraban, por supuesto, en estas previsiones imperiales.

Bolívar le dio al asunto un seguimiento más bien retórico. Después de la batalla de Ayacucho, en 1824, los ingleses optaron por mantener el status quo en el Caribe. En 1826, el Congreso Anfictiónico de Panamá puso de manifiesto que ni la Gran Colombia, ni México ni Estados Unidos disponían de los medios o la autonomía suficientes para desarrollar una política continental sin el beneplácito de Londres.

En la diplomacia americana no mandaban entonces ni Adams, ni Bolívar ni Guadalupe Victoria, sino los cañones de la *Royal Navy*. (Dato curioso: en aquellos años la población de Estados Unidos era casi igual a la que Cuba tiene hoy: unos 11 millones de habitantes).

La historiografía posterior y la mitología castrista han retenido, sobre todo, los proyectos de anexión a Estados Unidos, que son harto conocidos y forman parte integral de la historia de la Isla. Pero es bueno recordar que en esos años muchos súbditos españoles que residían en Cuba consideraban razonable también la posibilidad de incorporarse a México o a la Gran Colombia. La monarquía española atravesaba una etapa de decadencia que se había agravado con las guerras napoleónicas y que se prolongaría aún durante más de medio siglo.

Cuba carecía de condiciones para independizarse y mantener por sí misma su soberanía, pero como provincia o estado de una entidad americana mayor, tal vez podría establecer un régimen republicano que ampliara las libertades y los derechos de los blancos sin trastornar el sistema económico basado en la producción de azúcar, tabaco y café con mano de obra esclava.

El ímpetu anexionista mantuvo su vigencia hasta 1855. En ese periodo, la Gran Colombia se dividió en tres Estados, plagados de luchas civiles y gobiernos tiránicos. El Imperio Mexicano también se desmembró y la República que le sucedió atravesó igualmente una etapa de gran inestabilidad, que culminó con la derrota ante Estados Unidos en la guerra desatada por la anexión de Texas. Sólo el Calibán norteño prosperó y mantuvo instituciones estables, por lo menos hasta la Guerra de Secesión.

Si el anexionismo cubano se decantó al fin exclusivamente por el intento de unión con Estados Unidos, fue tanto por las garantías que parecían ofrecer los estados sureños —mantenimiento de la esclavitud de los negros y derechos democráticos para los blancos—, como por el fracaso de México y de la gran potencia continental («la cosa ésa», la llamaban sus detractores) que Bolívar había tratado de forjar.

La reedición del anexionismo mirandista, disfrazado de socialismo del siglo XXI, es un fenómeno harto curioso, tanto por su carácter anacrónico como por su disparatada proyección. Porque nadie debe llamarse a engaño sobre la médula del asunto: la República Bicéfala de Cubanezuela no sería una unión *inter pares*.

Entre el bolsillo de Hugo Chávez, inflado por la subida espectacular del precio del petróleo en los últimos cuatro años, y la miseria y fragilidad de la sociedad cubana, devastada por medio siglo de inepcia y autocracia, media la distancia que separa a Shylock de Antonio, el mercader de Venecia. Es obvio que en una alianza así Cuba ocuparía una posición de dependencia y subordinación que ningún piropo chavista al linaje revolucionario de los Castro sería capaz de paliar. Vamos, que Hugo sería el Inca y Raúl tendría que conformarse con el cargo de Curaca de la provincia insular.

No hace falta ser partidario furibundo del nacionalismo ni suscribir la célebre fórmula del padre Varela («que Cuba sea tan isla en lo político como lo es en la naturaleza») para sostener que un engendro así, aunque alivie a corto plazo la situación económica del país, sería un auténtico desastre para los cubanos. Sin duda, el «destino manifiesto» de la Isla (si alguno tiene) es terminar incorporada a una entidad continental más amplia, en la que desempeñará un papel modesto.

Puestos de nuevo a la tarea de la anexión, sería preferible elegir a Estados Unidos. Después de todo, ya hay dos millones de cubanos en Miami, Bush habla muchísimo menos que Chávez por radio y televisión, y ni siquiera tiene pretensiones de cantante o de pintor.

En caso de que Washington rehúse («*Remember the USSR!*», gritarían los senadores más timoratos en el Capitolio, ante la perspectiva de aceptar a 11 millones de candidatos al *welfare*), la opción de recambio sería la anexión a la Madre Patria. Bastaría con declarar que las guerras de independencia fueron un error (además de un horror) y pedir la reincorporación a España en calidad de 18va. región autónoma del Reino.

Ahora que Madrid corre el riesgo de perder a Cataluña y el País Vasco, la recuperación de Cuba le vendría de perillas a la Corona. Para la Isla, significaría colarse de golpe en la Unión Europea y la OTAN, y volver a tener turrones y villancicos en Navidad.

En cualquier caso, llegar a ser Estado de la Unión Americana o Autonomía del Reino de España parecen destinos más halagüeños para Cuba que convertirse en provincia del Imperio Paleosocialista que preparan el Inca Hugo y el Curaca Raúl.

EL NUDO CUBANO

Con motivo del aniversario 40 de la muerte de Ernesto Che Guevara, la televisión francesa transmitió en el mes de octubre varios documentales recientes sobre Cuba. Después de verlos detenidamente, la primera e inevitable conclusión es que la realidad profunda del país que asoma en esos metros de celuloide se parece muy poco a los cromos propagandísticos que difunde el gobierno de Castro bis para consumo del turismo internacional. Salta a la vista el deterioro de la gente y del entorno físico en el que malviven. Si una imagen vale mil palabras, el paneo de una cámara por las calles de La Habana refuta sin esfuerzo a cien discursos de los *mayimbes* del régimen.

Y qué decir de los entrevistados. El cinismo y la decepción afloran por doquier en un escenario de ruina, mugre y desidia. Son cada vez menos los que callan o repiten las fatigadas consignas del partido único. Contemplando la vida cotidiana de esa gente sudorosa que hace cola bajo un sol implacable, se apiña en ómnibus que parecen vagones de ganado, come mal y duerme en cuartos cochambrosos de casas al borde del derrumbe, se comprende hasta qué punto el problema de Cuba, el nudo gordiano que tiene acogotados por igual al Estado y a la sociedad civil, no es la ineficiencia económica ni la desigualdad social, sino la falta de libertad.

Es, primordialmente, un problema político y sólo en segunda instancia una cuestión de organización del aparato productivo, de asignación de recursos o distribución de riqueza. Y ese problema político no tiene solución en el marco del sistema de corte soviético que perdura en la Isla. Porque el Estado es incapaz de sacar al país de la espiral de desilusión, empobrecimiento y emigración en la que está sumido y la sociedad civil carece por ahora de los medios y las fuerzas suficientes para cambiar el modelo socioeconómico que la asfixia.

La creatividad, la capacidad del individuo para aplicar su talento a la producción de riqueza, están penalizadas en Cuba por leyes absurdas y estrechamente vigiladas por un nutrido cuerpo de policías y delatores. La violación de los derechos de la ciudadanía está enquistada en la Constitución y la estructura jurídico-administrativa del país, y la nación malvive en un estado de sitio en el que se reproduce un fenómeno común a cualquier régimen totalitario: todo lo que no está prohibido es obligatorio.

En las sociedades no totalitarias se llega a veces a una situación similar. Entonces, lo usual es que se produzca una ruptura mediante un estallido de violencia revolucionaria. En Cuba perdura la paz de los sepulcros, porque el Estado conserva aún intacto un aparato represivo sin par y ha demostrado de sobra que está dispuesto a fusilar o encarcelar por largas temporadas a cualquiera que encarne una esperanza real de cambio.

Pero también porque los valores y las creencias vigentes han experimentado una mutación muy profunda, que no siempre resulta tan evidente como el deterioro físico del país. Ante la incapacidad de modificar esa correlación de fuerzas y con la convicción de que les aguarda un futuro aún peor, los más viejos se resignan y los jóvenes optan por emigrar.

En las vistas de sus campos y ciudades, en las voces de sus hombres y mujeres, Cuba ofrece la imagen de un país moribundo. Porque, en realidad, lo que está agonizando allí no es sólo un dictador longevo, ni un gobierno fósil, ni siquiera un determinado modelo político y económico: es una sociedad entera, con sus usos y sus abusos, sus creencias y sus rituales, sus sueños y sus decepciones, sus valores y sus carencias morales, «con su obispo y su puta y por supuesto muchos policías» que, advertía el poema de Heberto Padilla, eran indispensables para construir el socialismo.

Por eso, entre otros factores, el país asiste con catatónica indiferencia al espectáculo de la agonía del Máximo Líder. A ese pasmo colectivo los epígonos le llaman «normalidad» y se regodean comprobando que por ahora no pasa nada y que la sucesión dinástica sigue el curso previsto, en la mejor tradición norcoreana.

Para entender las hebras y los vericuetos de que está hecho ese nudo cubano, es preciso rastrear sus orígenes y contemplar su evolución en un plazo histórico más largo.

Esa sociedad hoy moribunda se forjó en el mito revolucionario y durante un siglo se nutrió ideológicamente de ese caldo de cultivo. El mito consistía en creer que 1) Cuba era o debía de ser una nación; 2) Esa nación tenía un destino glorioso (manifiesto o por revelarse); 3) Ese destino colectivo se cumpliría mediante la violencia política. Los orígenes de este milenarismo nacionalrevolucionario son complejos y están estrechamente relacionados con las ideologías europeas de la época, los vínculos con España y Estados Unidos, la condición insular del país y el predominio de la economía azucarera basada en la mano de obra esclava.

La creencia en un excelso destino nacional que habría de hacerse realidad mediante la lucha revolucionaria fue el principal motor de las guerras independentistas, de la revolución de 1933 y del período subsiguiente de guerra (in)civil entre los «grupos de acción», pandillas más o menos afines a los grandes partidos políticos que reivindicaban la herencia insurreccional. Los cuatro gobernantes que desde entonces rigieron los destinos del país — Fulgencio Batista, Ramón Grau, Carlos Prío y Fidel Castro— procedían de las filas revolucionarias encumbradas durante el espasmo antimachadista y su secuela gangsteril, conocida popularmente como la etapa «del gatillo alegre».

Tras medio siglo de vaivenes políticos (1902-1952), el mito adquirió la masa crítica suficiente para inclinar la balanza a favor del cambio radical. El cumplimiento de la esperanza colectiva en la redención revolucionaria desembocó, a partir de 1959, en un régimen de tipo soviético que aniquiló la autonomía de la sociedad civil.

Lo que caduca ahora es precisamente esa etapa de la historia del país, que ha durado más de un siglo. Los cubanos no creen ya que la Isla tenga un destino excepcional, que habrá de hacerse realidad mediante la lucha revolucionaria y, en la práctica, tampoco piensan y sienten como una nación, en el sentido que el concepto tuvo en los dos últimos siglos. Es decir, que ni el nacionalismo, ni el revolucionarismo, ni la ilusión de un destino colectivo glorioso cuentan ya como fuerzas generadoras de la acción cívica. Aunque nos cueste aceptarlo, los males que han terminado por pudrir al sistema castrista fueron endémicos en la era republicana. El caudillismo, el nacionalismo xenófobo y el refuerzo de las competencias del Estado en detrimento de la sociedad civil estaban ya latentes en la República y eran «soluciones» que en uno u otro momento sedujeron a amplios sectores de la población.

La originalidad de Castro consistió en aprovechar esas líneas de fuerza y llevarlas hasta sus últimas consecuencias, para construir un régimen autocrático en el que la centralización económica y el conflicto permanente con Estados Unidos consolidaban el poder del caudillo, que era a la vez Economista en Jefe y Estratega Supremo de la plaza sitiada por el imperialismo yanqui.

En esa ecuación, que sigue vigente en el tardocastrismo, cualquier medida encaminada a devolverle a la sociedad civil los derechos conculcados en el decenio de 1960 o a mejorar las relaciones con Washington, se convierte de inmediato en una amenaza a la autoridad del caudillo y a la estabilidad del sistema.

Los jerarcas del comunismo lo saben, como saben también que el régimen es irreformable y que en cuanto empiecen a manosear el aparato, éste puede venirse abajo. Por eso no hablan nunca de atacar las raíces verdaderas de los problemas, sino de aliviar sus síntomas o atenuar sus efectos. Aumentar los salarios, mejorar la disciplina laboral, estimular el ahorro y cosas por el estilo que ahora vuelven a desempolvar, son paliativos de corto vuelo. Es como ponerle cataplasmas de mostaza a un enfermo de cáncer terminal.

Hay una hermosa frase del siglo XIX, que suele atribuirse indistintamente a José Martí y Antonio Maceo (aunque es probable que ninguno de los dos sea su autor): «La libertad cuesta muy caro y es preciso decidirse a comprarla por su precio o resignarse a vivir de rodillas». Por ahora, los cubanos siguen sumidos en una larga pesadilla de colas, *alumbrones*, calles hediondas, tilapia transgénica, caldosa, viviendas destartaladas, comités de defensa, escasez de agua, consignas estúpidas, libretas de racionamiento, marchas del pueblo combatiente y balsas del pueblo navegante.

Un día —esperemos que no demasiado lejano— se pondrán de pie y saldrán a la calle decididos a recuperar sus derechos, o sea, a pagar el precio de su libertad. No el de la soberanía nacional, que ha sido la coartada favorita de la dictadura, sino el de la soberanía personal, que es la medida del decoro y la autenticidad de cada ser humano.

Ese día se verá con meridiana claridad hasta qué punto el socialismo, el nacionalismo de pacotilla y el caudillismo milenarista son ya para el cubano de hoy lo que la vida era para Macbeth: una escenografía de cartón piedra, en la que un idiota balbucea un monólogo lleno de rabia e incoherencias.

EL TAPABOCA

Hugo Chávez se autodenomina a veces «el macaco». Lo hace en sentido irónico, para burlarse de los que él llama «oligarcas», que en Bolivia han bautizado así a su amigo Evo Morales.

El fin de semana, después de la Cumbre Iberoamericana de Santiago, Chávez habló en una reunión de *agit/prop*, que había montado con algunos izquierdosos en la capital chilena y a la que le dieron el pomposo nombre de Cumbre de los Pueblos. Mientras peroraba con su elegancia y profundidad habituales, el vicepresidente del gobierno cubano, Carlos Lage, le pasó el teléfono para ponerlo al habla con Fidel Castro, que llamaba desde La Habana.

«Estoy hablando con Fidel», chilló emocionado, y la multitud le correspondió con gritos entusiastas.

«Fidel, aquí está el macaco menor, Evo...», dijo Chávez cariñosamente. «Porque tú eres el macaco mayor...».

Yo hubiera dado cualquier cosa por verle la cara a Castro I en La Habana, cuando su entenado le llamó «macaco mayor» ante 5.000 personas y otras tantas cámaras de televisión. Las cosas que tiene uno que tragarse cuando es viejo y achacoso, y depende de los dineros de un hijo bobo, habrá pensado el maltrecho Comandante.

Pero lo más suculento de la Cumbre fue sin duda el tapaboca que don Juan Carlos I, rey de España, le propinó a Chávez en la plenaria de clausura, delante de todo el mundo.

La repugnancia que el epígono del castrismo suscita en cualquier persona bien nacida puede medirse por la repercusión de la noticia en los medios informativos del planeta. El domingo, todas las emisoras reprodujeron el incidente en sus noticieros. Chávez combina la demagogia izquierdista más arrabalera con la arrogancia del nuevo rico. Esa mezcla de verborrea de feria y ostentación de petrodólares hace que el personaje resulte impresentable en cualquier sociedad civilizada. Con su antiyanquismo, su afán dictatorial y los recursos que le brinda el alza del crudo, se ha convertido en el príncipe árabe de América Latina.

Ortega —el filósofo español, no el macaco nicaragüense— escribió alguna vez que el revolucionario trata de cambiar los usos, no de suprimir los abusos. Buena parte de los usos sociales son normas de cortesía que sirven para aceitar el trato y hacer más llevaderas las relaciones humanas. La revolución suele destruir esas reglas, sin acertar a reemplazarlas. Por eso deja necesariamente una secuela de grosería, insolencia y mal gusto. En ese sentido, Chávez es el modelo más acabado de revolucionario latinoamericano.

Después del incidente, el macaco-presidente compareció ante la prensa y declaró que se reservaba el derecho de responder como le diera la gana. Y añadió: «El rey es tan jefe de Estado como yo. La diferencia es que yo soy un jefe de Estado electo y él no». Lo de «electo» lo repitió tres veces, como para que no quede duda de su deficiente conocimiento del idioma (según el diccionario, presidente electo es el que ha sido elegido pero aún no ha tomado posesión del cargo) y del carácter ilegítimo del título de don Juan Carlos.

Pero al elegido se le olvidó un detalle: Juan Carlos I heredó todos los poderes de Franco y se los devolvió al pueblo, en el marco de una reforma democrática de la que fue protagonista principalísimo. La Constitución de 1978, que entre otras cosas le consagró como rey, también fue refrendada en las urnas por los españoles. Ese compromiso con las libertades le ha dado a España un cuarto de siglo de paz, democracia y prosperidad, y le granjeó al rey el respeto del mundo entero. Por su parte, Chávez recibió de la ciudadanía un mandato limitado en tiempo y facultades, y desde entonces se aplica a la tarea de transformarlo, mediante el soborno y la intimidación, en una monarquía absoluta.

Vale la pena ver en el vídeo del incidente la cara del canciller Felipe Pérez, que el azar del alfabeto había colocado junto a Rodríguez Zapatero, cuando el rey mandó callar al macaco. El funcionario castrista se quedó con los ojos desorbitados y la quijada colgando ante la reacción española. Y eso que la respuesta de Zapatero fue blandita, blandita. Pero lo que retendrá la historia menuda no será el argumento vacilante del jefe de Gobierno, ni la expresión estólida del canciller Pérez, sino la frase enérgica y lapidaria del monarca, que con cinco palabras le transmitió a Chávez todo el desdén que el mundo civilizado siente hacia gente como él: «¿Por qué no te callas?».

LA MOMIA Y EL ELEFANTE

El cuento es viejo y suele variar según las obsesiones del narrador. La versión cubanoexiliada reza así:

Naciones Unidas convoca a un concurso de estudios sobre el elefante. Los trabajos deben ser redactados por equipos de investigadores de la misma nacionalidad, en representación de su país de origen. Al vencerse el plazo de entrega, el equipo alemán presenta una enciclopedia de 39 volúmenes titulada Introducción al estudio del elefante; el equipo francés presenta una obra en dos volúmenes titulada La vida amorosa del elefante; el equipo norteamericano presenta un manual de 150 páginas titulado Aplicaciones económicas del elefante; el equipo de cubanos exiliados presenta un panfleto de 10 páginas titulado El elefante y el canalla de Fidel Castro.

Pues bien, en los últimos días se supo que a Tutankamon lo sacaron del sarcófago para exponerlo al público por primera vez. Se exhibirá en el Valle de los Reyes, en una urna especial que evitará los daños que podrían causarle el (mal) aliento y la transpiración de los turistas. Al parecer, las momias son seres delicados, que requieren cuidados excepcionales para mantenerse en forma.

El asunto de los restos humanos fósiles o momificados que se exponen en los museos tiene tela marinera. En Francia cunde ahora una polémica por la cabeza tatuada de un guerrero maorí que se conserva desde hace 132 años en el museo de Ruán. El gobierno de Nueva Zelandia la había reclamado en varias ocasiones y la directora del centro accedió finalmente a devolverla. Pero el ministro de Cultura la desautorizó y prohibió la repatriación del fiambre. Una medida de ese tipo, arguyó, podría desatar una ola de reclamaciones que afectaría a casi todos los museos de Europa.

Las momias incas o egipcias, las *tsantsas* o cabezas reducidas elaboradas por los jíbaros de la Amazonia, y hasta los fósiles descubiertos en los pantanos de turba o en las nieves alpinas —como el prodigioso Ötzi, que apareció en 1991 en perfecto estado de conservación, con ropa, armas y bagajes, y hoy se exhibe en el museo arqueológico de Bolsano—, podrían ser objeto de demandas, recursos judiciales y litigios interminables.

En esas querellas los museos son casi siempre de Occidente y los cadáveres o restos amojamados suelen proceder de países del antiguo Tercer Mundo. De ahí el ineludible sesgo de corrección política que toma el asunto. Si una tribu de jíbaros cambió una *tsantsa* por una gorra de un equipo de béisbol o una botella de Chivas Regal, el gobierno equis (Ecuador, Brasil, Perú o quien se atribuya la soberanía sobre el trozo de selva en cuestión) puede sentirse obligado a reclamar la cabeza, pues, aunque reducida y maquillada, tuvo alguna vez talla normal y se bamboleó sobre los hombros de un ser humano.

Al respecto, existe un precedente curioso con el que tuve algo que ver por razones profesionales. Durante casi un siglo, un modestísimo museo del pueblo catalán de Bañoles conservó el cadáver disecado de un bosquimano. Los franceses le llamaban «*le nègre empaillé*» y para los catalanes era simplemente «el Negro».

El cuerpo, procedente de la región del Kalahari, en lo que hoy es Botswana, había sido robado de la tumba al día siguiente del funeral, allá por el año 1830, por dos taxidermistas franceses que lo disecaron y lo trajeron a París. Luego viajó a Bañoles como parte del legado testamentario de un rico coleccionista local.

En 1992, un catalán-haitiano (o haitiano-catalán, ignoro el orden de precedencia) escandalizado por el espectáculo de un africano disecado y expuesto en un museo como si fuera una bestia, inició una campaña para obtener la repatriación de los restos.

En honor de Bañoles, hay que decir que el bosquimano se exhibía con todo el decoro antropológico posible. Iba ataviado con una diadema de plumas, llevaba lanza y escudo, y un taparrabo color naranja. Estaba de pie en la urna, ligeramente inclinado hacia delante y blandía la lanza con fiero gesto de guerrero o cazador al acecho. Sus ojos de vidrio brillaban en la penumbra de la sala.

Tras la denuncia inicial, el gobierno de Botswana tomó cartas en el asunto y el destino del Negro se convirtió en un pugilato diplomático. Las autoridades de Madrid presionaron al ayuntamiento de Bañoles, que se negaba a soltar prenda. Intervino la Generalitat de Cataluña (gobierno regional), intervino la Organización de la Unidad Africana, intervinieron las Naciones Unidas (no exagero: la UNESCO fue decisiva en el asunto) y sospecho que hasta el Papa hizo gestiones bajo cíngulo. Al cabo de ocho años de tira y afloja, los bañolenses capitularon y se resignaron a entregar la momia a cambio de un subsidio para reformar el local del museo.

El 4 de octubre de 2000, el avión que llevaba al ya célebre africano aterrizó en el aeropuerto internacional Sir Seretse Khama, próximo a Gaborone, la capital del país. Lo esperaba el gobierno en pleno, una guardia de honor de las Fuerzas Nacionales de Defensa y miles de botswaneses que se habían desplazado para recibir al compatriota del que tanto habían oído hablar en esos años. Conocían las fotos y esperaban ver desembarcar a un altivo cazador, con todos los atributos que lo adornaban en el museo.

Amarga fue la decepción cuando del avión bajaron un objeto un poco más grande que una caja de zapatos, que contenía un cráneo con las órbitas vacías, unos pocos huesos y algunos jirones de piel acartonada. El museo había devuelto estrictamente lo que el gobierno exigía: los restos humanos. Lo demás —lanza, escudo, diadema, taparrabo, huesos de metal, algodón de relleno y ojos de vidrio— eran elementos artificiales que habían servido para armar el muñeco y darle un aspecto más interesante. Eran propiedad del museo y nadie tenía el más mínimo argumento jurídico para reclamarlos.

El insólito periplo del bosquimano disecado de Bañoles terminó con un entierro solemne en Gaborone. Los políticos declararon que el sepelio del célebre guerrero era el símbolo de la victoria y la unidad de África.

Difícil saber si la moraleja es apropiada. Por lo pronto, Frank Westerman, un periodista holandés, autor de un libro sobre el caso, escribió recientemente: «Estuve en Botswana, en la tumba del Negro, en abril de 2004. El lugar parecía totalmente abandonado. La cadena que une los 12 postes que rodean la tumba había desaparecido y en la hierba que crecía alrededor unos niños jugaban al fútbol».

Pero, como han recordado tímidamente algunos expertos, en Occidente no sólo se conservan momias egipcias, cabezas maoríes o *tsantsas* amazónicas. También hay cuerpos momificados de antepasados de los europeos actuales (como algunos fósiles de Pompeya o el ya citado Ötzi, que se calcula vivió en la región alpina hace unos 5.000 años), reliquias de santos en muchísimas iglesias católicas y ortodoxas, y hasta reliquias políticas, como la momia de Lenin que descansa en la Plaza Roja de Moscú. Y aquí es donde viene a cuento el elefante.

¿Qué harán los cubanos del futuro poscomunista si a los herederos de Castro I se les ocurre embalsamarlo y plantarlo en una urna refrigerada, al pie de ese adefesio arquitectónico que la población, con poética justicia, ha llamado siempre «la raspadura de Martí»?

Ya sé que las autoridades habaneras han negado rotundamente que esa posibilidad exista. Pero Lenin tampoco quiso su destino de momia. Es más, en su testamento dejó instrucciones clarísimas sobre dónde y cómo habrían de enterrarlo. Y ahí está, guardado tras un cristal como los zapaticos de rosa y convertido en la más rentable atracción turística de la nueva Rusia del Padrecito Putin.

Un Comandante en Jefe disecado y expuesto, con uniforme verdeolivo y fusil de mira telescópica, a la curiosidad de los turistas norteamericanos en la Plaza de la Revolución (antigua Plaza Cívica y tal vez futura Plaza Fidel Castro), no tendría un destino demasiado diferente del que ha experimentado el máximo líder de la Revolución de Octubre. Ni siquiera el cadáver incorrupto de la vaca Ubre Blanca sería un símbolo más apropiado de esta etapa de la historia que ya toca a su fin.

No es ocioso plantearse el problema desde ahora mismo. Hace 16 años que los rusos se pelean por el fiambre del hombrecito calvo que yace junto a la muralla del Kremlin y todavía no logran ponerse de acuerdo sobre qué hacer con él. Las momias son delicadas pero tenaces y, por definición, longevas.

LOS VOTOS Y LAS BALSAS

El domingo 20 de enero se llevó a cabo en Cuba la segunda parte de las elecciones que han determinado la composición de la Asamblea Nacional del Poder Popular. El resultado, por demás previsible, fue un voto casi unánime en favor de los candidatos gubernamentales, la mayoría funcionarios del Partido Comunista, única entidad política con existencia legal en el país.

El nombre mismo de los comicios resulta equívoco. Porque el sustantivo elección procede del verbo elegir, que según el diccionario significa escoger, preferir o seleccionar. Y en Cuba, el votante que acude a las urnas apenas tiene dónde escoger: o vota en blanco o aprueba en masa a los candidatos oficialistas.

Como suele ocurrir en los sistemas de ese tipo, la mayoría de los que desearían dejar la boleta en blanco para manifestar su rechazo al régimen no se atreven a hacerlo, porque están convencidos de que el voto no es secreto y temen a las represalias que las autoridades podrían aplicarles. En un país donde el gobierno controla el 95% de la economía e interviene hasta en los más nimios detalles de la vida privada, la obediencia y el conformismo encuentran siempre sólidas coartadas.

Además, como me explicaba recientemente un amigo que vive en La Habana, ¿para qué calentarse la cabeza y buscarse problemas, si a fin de cuentas un voto más o menos no va a cambiar la situación del país? Esa doble tenaza del miedo y la indiferencia es uno de los pilares que todavía mantienen en pie al sistema comunista cubano.

Al mismo tiempo, en las semanas que ha durado el «proceso electoral» han seguido llegando balseros/lancheros a Estados Unidos y se han asilado en diversos países cientos de cubanos, célebres o anónimos, en número que apunta a una pronta superación de las marcas de los últimos diez años. Es la otra modalidad del sufragio, la que ni siquiera los regímenes comunistas alcanzan a desnaturalizar: votar con los pies.

Según cálculos conservadores, Cuba se vacía a razón de 40.000 personas al año. O sea, más de 100 cubanos abandonan definitivamente la Isla cada día. Es la reacción de supervivencia de la sociedad civil ante la asfixia que provocan la falta de libertad, la penuria económica y la tramoya de consignas triunfalistas, estadísticas hinchadas y entusiasmo ficticio que componen las páginas del Granma, las Mesas Redondas televisivas y las marchas del pueblo combatiente.

El asunto, ya de por sí revelador y preocupante para la *nomenklatura*, se agrava al combinarse con la crisis demográfica que padece el país. El índice de natalidad cubano es uno de los más bajos del mundo, las tasas de divorcios y suicidios figuran entre las más elevadas y la población envejece a un ritmo acelerado. Es como si las mujeres en edad fértil hubiesen decretado una huelga de vientres vacíos en respuesta a las condiciones de vida que el gobierno les ha impuesto. A lo que cabría añadir que la inmigración es casi inexistente.

En irónico paralelismo con lo que ocurrió en el período republicano, de 1902 a 1958, cuando la Isla acogió a más de un millón y medio de inmigrantes, la era castrista ha generado una cantidad casi igual de emigrantes. El resultado de estas tendencias es que ya en 2006 la población de la Isla empezó a disminuir en términos absolutos y, si no ocurre un milagro, seguirá reduciéndose en el futuro.

Esto significa además que cada día hay en Cuba menos niños y jóvenes, y mayor número de ancianos. No hace falta explicar las repercusiones que este fenómeno, tan difícil de revertir, puede tener en los años venideros.

Dentro y fuera de Cuba, el argumento esencial de los voceros del castrismo es que también los demás países del continente generan corrientes migratorias con destino a Europa y Estados Unidos, lo que demostraría que la emigración es de origen económico, no político. Además, afirman, la ley estadounidense de «pies secos/pies mojados» constituye un estímulo constante a la emigración ilegal.

El problema de ese razonamiento es que ningún gobierno latinoamericano controla la casi totalidad de la economía de su país ni les confisca los bienes a quienes emigran, ni les impide volver a su tierra cuando les dé la gana. El régimen cubano es el único que, por razones estrictamente políticas, ha estatizado el 95% del aparato productivo, despoja a los emigrantes de sus propiedades y, una vez que están en el extranjero, les aplica medidas de chantaje y discriminación que contravienen todas las normas internacionales de derechos humanos. Mientras esas medidas sigan vigentes, Estados Unidos puede y debe mantener una política especial de acogida para quienes huyen de la Isla.

Sin duda alguna, el exilio de determinadas capas sociales y la reducción de la natalidad formaban parte, ya en 1959, si no de los objetivos, al menos de las consecuencias previsibles de la política revolucionaria. Desde los primeros días del triunfo, el nuevo régimen utilizó todo el poder del Estado para atacar a los grupos que consideraba incompatibles con su proyecto de ingeniería social.

A los burgueses y los *gusanos*, les esperaba el paredón, la cárcel o, en el mejor de los casos, el expolio y el ostracismo. La «liberación» de la mujer iba a generar batallones de milicianas y aguerridas tractoristas que tendrían menos hijos que sus madres. El aborto se despenalizó y se hizo gratuito. Los anticonceptivos también. Las restricciones en materia de alimentación, vivienda, transporte y energía eléctrica hicieron el resto.

Lo que los jerarcas del castrismo no previeron jamás fue que la conjunción de las tendencias migratorias y demográficas iba a durar medio siglo y terminaría por alcanzar dimensiones catastróficas para la nación. Las consecuencias de esa ceguera saltan hoy a la vista: los jóvenes se marchan, las mujeres no paren y Cuba se está convirtiendo en un inmenso asilo geriátrico.

Poco importa que el gobierno proclame con titulares pomposos que obtuvo el 95% de los votos en el simulacro electoral del 20 de enero. A la ficción de los comicios amañados y las marchas del pueblo combatiente responde la realidad de la mengua demográfica y las balsas del pueblo navegante.

LA CUADRATURA DEL CÍRCULO

Los cubanólogos y expertos en transitología caribeña andan de capa caída. Tras el anuncio del Comandante de que renunciaba a la reelección perpetua a las jefaturas del Estado, el Gobierno y las Fuerzas Armadas, se afanaron en explicarnos de nuevo lo mismo que vienen repitiendo desde mediados de 2006: que la transición estaba en marcha, que era el principio del fin, que ahora sí los cambios eran imparables y tendrían origen en la misma cúpula del poder, etcétera.

Pero los conjuros y los ejercicios de pensamiento desiderativo no han servido de mucho en este caso: Fidel Castro se sucede a sí mismo, por hermanísimo interpósito, y la fórmula dinástica queda blindada con una cáfila de ancianos ex guerrilleros y burócratas del partido único que haría palidecer de envidia a la momia de Lenin.

Es evidente que la intención de Castro II consiste en «perfeccionar el socialismo», o sea, llevar a cabo algunos cambios cosméticos que alivien un poco las míseras condiciones de vida de sus súbditos, sin tocar la médula del problema. Y aun esas reformitas se realizarán en cámara lenta y con muchísima cautela, no sea que el personal se desmadre y al circo le crezcan los enanos. Las razones que le asisten son tan sólidas como evidentes, aunque los transitólogos se empeñen en hacer caso omiso del grafiti histórico. La primera y más poderosa es que el sistema de gobierno implantado en Cuba a partir de 1959 ha fracasado en muchísimos aspectos, pero ha tenido éxito en uno esencial: ha logrado conservar intacto el poder monolítico del caudillo, el ejército y el partido único. ¿Por qué, a los 77 años de su edad, Castro II se aventuraría a reformar un modelo socioeconómico que ha demostrado una extraordinaria capacidad de supervivencia?

Además, Castro II y su equipo saben que el comunismo es irreformable.

Se empieza —digamos— por permitir que los guajiros siembren frijoles y vendan la cosecha sin la injerencia del Estado. Luego hay que dejarles comprar fertilizantes y aperos de labranza; más tarde, hay que autorizar a los camioneros a que transporten el producto, a que empleen ayudantes en determinados periodos, etcétera. Eso, del lado del productor.

En el otro extremo de la cadena, el del consumo, ocurre tres cuartos de lo mismo: los vendedores necesitan mano de obra, anaqueles, pintura, frigoríficos, bombillas y un millón de artefactos más que el Estado es incapaz de proporcionar.

Por ende, si los campesinos tienen libertad para plantar, cosechar y vender, ¿cómo negarles a los comerciantes derechos equivalentes? Sobre todo, cuando la lógica más elemental indica que cualquier elemento deficiente de la secuencia afectaría al funcionamiento del conjunto.

Para más inri, cuando en un sistema socialista se permite que una parte de la economía opere según las reglas del mercado, la ineficacia del sector que queda en manos del Estado se hace cada vez más patente. En poco tiempo, la gente comprende que el despilfarro y la ineficiencia de las empresas estatales se financian con los impuestos leoninos que les cobra el gobierno.

Así ocurrió con la NEP (Nueva Política Económica) que el régimen soviético se vio obligado a aplicar en la década de los años veinte del pasado siglo, y con las reformas que se toleraron en Hungría tras la insurrección de 1956. Así ocurre ahora en Cuba con las remesas y los cuentapropistas, sólo que el paternalismo estatal es aún tan variado y abarcador que a muchos les resulta difícil comprender cómo funciona el tinglado.

Quizá entre los augures más decepcionados figuren quienes profetizaban que el heredero emprendería reformas similares a las que se llevaron a cabo en China. Puede sonar a paradoja, pero otra razón de peso para no arriesgarse a modificar el sistema es precisamente el éxito del tan cacareado «modelo chino».

La idea de liberalizar la economía y al mismo tiempo mantener el monopolio político del Partido Comunista es irrealizable en Cuba, y los jerarcas del nuevo/ viejo gobierno lo saben perfectamente. Ni las dimensiones del país, ni los recursos o la estructura de la economía, ni las relaciones con el exilio/emigración, ni las tradiciones culturales, ni el entorno geoestratégico le permitirían a la élite gobernante aplicar con tranquilidad un sistema de esa índole.

La cuarta motivación de Castro II para atrincherarse en la ortodoxia es la muy real perspectiva de que una victoria del Partido Demócrata en las elecciones de este año ponga fin al semiembargo que Estados Unidos mantiene sobre la Isla.

Si Hillary Clinton o Barack Obama llegan a la Casa Blanca y levantan el embargo sin exigir mayores contrapartidas de La Habana, el régimen obtendría una resonante victoria política, a la que seguirían sustanciales ventajas económicas. La concreción de esa hipótesis complementaría el giro favorable que han experimentado las relaciones con América Latina en los últimos tiempos, en particular desde que Hugo Chávez obtuviera la presidencia de Venezuela.

Con la mirada puesta en el horizonte de los próximos meses —no debe olvidarse que los guerrilleros se ocupan de la táctica y se ciscan en la estrategia—, Castro I decidió lo que Castro II puso en práctica el 24 de febrero: mantener el rumbo y seguir entreteniendo al personal con 'jarabe de pico' y con la esperanza de que las cajitas vengan más nutridas a finales de año, después de que el «período de reflexión» y quizá la muerte del caudillo permitan aplicar las reformas cosméticas.

Sin embargo, en un estrato más profundo de la realidad el problema se plantea de otra manera.

Una vez comprobado empíricamente que el sistema socialista es incapaz de generar riqueza suficiente y proporcionar a la población un nivel de vida decoroso, cualquier medida destinada a aumentar la eficiencia del aparato productivo pasa por la ampliación del sector privado y el aprovechamiento de los mecanismos de mercado. Esto equivale a aflojar el control gubernamental sobre vidas y haciendas y pone en peligro la supervivencia del régimen.

A la inversa, cualquier decisión que tienda a la expansión del sector estatal, contribuirá a hundir aún más la economía y rebajar las condiciones de vida de la población.

Entre esos dos rumbos divergentes, la *nomenklatura* cubana cree posible lograr la cuadratura del círculo: mantener el statu quo por un tiempo y mejorar la alimentación, la vivienda y el transporte, si se conservan los suministros de petróleo procedentes de Venezuela, las remesas de los exiliados y la ayuda económica y tecnológica de China. Y, sobre todo, si el gambito electoral estadounidense se resuelve de manera favorable al castrismo. Por esa vía intermedia y gatopardesca apuesta hoy la gerontocracia de La Habana: aparentar que cambian todo para que todo siga igual. Claro que esa creencia de los dueños del Estado no tiene en cuenta el estado de las creencias. Porque las encuestas e investigaciones informales apuntan a que el sistema está carcomido hasta la médula por la incredulidad y la mentira. Pero eso es harina de otro costal.

Van a tenerla cruda los transitólogos, para glosar ese simulacro de evolución. Al revés del conocido chiste ruso, en Cuba las reformas serán el método más largo y doloroso para pasar del tardocomunismo al socialismo «perfeccionado». Como diría Yogi Berra, ese gran filósofo de las bolas y los strikes: «*It's déjà vu, all over again*».

PAISAJE DESPUÉS DE LA BATALLA

La Batalla de Ideas ha terminado. Las tropas que ayer se destacaron en aguerridos actos de repudio, heroicas mesas redondas y gloriosas marchas del pueblo combatiente, hoy regresan al hogar con la ilusión de comprar algún día una olla arrocera o un teléfono móvil y, quién sabe, hasta de llegar a pasar un fin de semana en un hotel de Varadero.

Las medidas que en las últimas semanas ha tomado el Gobierno Revoluseptuagenario de Castro II equivalen en la práctica a una proclama unilateral de cesación de hostilidades. Lo curioso de esta tregua es que la presunta ofensiva de Washington no ha variado ni un ápice en los últimos doce años.

Si en 1996 hubo un sobresalto retórico tras el derribo de las avionetas de Hermanos al Rescate, en 2000, el enemigo, en un acto de sospechosa generosidad, decidió venderle al gobierno alimentos y medicinas. Siempre y cuando éste pagara en dólares contantes y sonantes, porque tampoco era cuestión de financiar a crédito su ineficiencia productiva. Pero si se exceptúan esas dos fintas —una de cal, otra de pollo congelado—, la estrategia del Goliat imperialista sigue igual.

Esto no ha sido óbice para que el David socialista deponga de hecho su actitud numantina —aunque todavía no lo ha reconocido— y empiece a desmovilizar los efectivos que hasta hace poco combatían encarnizadamente en todos los frentes internos. Claro que entre esos combatientes alguno habrá que se pregunte cómo es posible declarar una tregua que preludia una paz inminente cuando el enemigo ataca todavía por todos los flancos.

¿No será un error del alto mando, que ve un gesto amistoso en lo que sólo es una transacción filistea de lentejas por divisas arduamente ganadas?

¿O acaso la amenaza desapareció hace ya muchos años y toda la gesticulación de marchas, protestas, maniobras, excavación de trincheras y preparación combativa no ha sido sino un sainete, una broma de mal gusto, una gigantesca tomadura de pelo?

En cualquier caso, las huestes agradecen el respiro y se aprestan al bíblico empeño de convertir las espadas en arados —y en ventiladores y en DVD—. Aparcar la paranoia de la fortaleza sitiada y el discurso ampuloso de la resistencia numantina no será tarea sencilla. Todavía se reproducirán esporádicamente algunas escaramuzas, más simbólicas que reales. Modestas maniobras de opereta, para no complicarle con el síndrome de abstinencia la agonía al Estratega en Jefe.

Pero en el ánimo de la tropa —sobre todo de los conscriptos más jóvenes que padecen una evidente falta de espíritu bélico— la guerra es asunto concluso. Allá los abuelos, ministros o generales, con sus batallitas anacrónicas y sus polvorientos manuales de marxismo-leninismo. El hombre nuevo socialista no quiere saber nada de la honda de David. La suya no lleva hache: es la onda del reguetón, el hip-hop, las motos, los blogs, las películas de acción y toda la panoplia de instrumentos del siglo XXI que los adultos, tan serios ellos, no alcanzan a entender y mucho menos a ofrecerles.

Porque el panorama que los desmovilizados encuentran al volver es desolador. Las casas se desmoronan, los puentes se hunden y los campos están en barbecho. El dinero no alcanza para gran cosa; la comida es cara; el agua, escasa; el transporte, pésimo, y muchos servicios han dejado de existir. Las guerras son así, incluso las de mentirita. Hay víctimas, damnificados y múltiples secuelas materiales.

La súbita liberalidad con la que el Gobierno Revoluseptuagenario devuelve ahora prerrogativas y derechos que nadie sabe muy bien por qué confiscó alguna vez, suscita más interrogantes que respuestas. Hasta los más lerdos empiezan a sospechar que la defensa de la soberanía nacional quizá fue la coartada que impidió la soberanía personal. Que la dictadura era sobre —y no de— el proletariado y que los campesinos actuaron con una lógica impecable cuando dejaron que los prados se llenaran de marabú. En 1945, cuando la infantería norteamericana desembarcó en Filipinas, algunos soldados japoneses se refugiaron en las montañas para continuar la lucha. Perdido todo contacto con sus superiores, erraron en la selva durante largo tiempo. Dos o tres décadas después bajaron a rendirse, sin saber que la guerra había terminado y nadie se acordaba de ellos.

A la tropa de los hermanos Castro le ha ocurrido tres cuartos de lo mismo. La Batalla de Ideas ha concluido. En la Isla, los supervivientes cantan victoria porque ningún general enemigo los esperaba para exigirles la rendición, cuando salieron de la jungla de discursos, consignas y estupideces donde andaban extraviados. Apenas empiezan a darse cuenta de que la Guerra Fría concluyó hace casi 20 años, el día en que un puñado de jóvenes derribó un trozo del Muro de Berlín y la libertad se coló por la brecha, como un irresistible vendaval de alegría y esperanza.

LAS MEIGAS Y LOS HEPTARCAS

Las reformas en Cuba son como las meigas en Galicia: de haberlas, haylas. Lo que está por ver es el alcance y las repercusiones que van a tener. Porque todo apunta a que Raúl Castro y los miembros de la heptarquía que designó recientemente han elaborado un plan de supervivencia que, en el fondo, se parece mucho al de la orquesta del Titanic.

Después de la Ofensiva Revolucionaria de 1968, alrededor del 95% de la economía quedó en manos del Estado. La propiedad privada sólo subsistió, muy menguada, en algunos sectores —fincas particulares, unos pocos pescadores y algunos taxistas— a los que el régimen atribuía una importancia mínima. El dominio casi absoluto de la vida económica, posible gracias a los subsidios soviéticos, le facilitó al gobierno el control casi total de la vida, a secas.

La crisis terminal del sistema soviético, iniciada en 1989, obligó a Fidel Castro a echar mano de medidas capitalistas para «salvar el socialismo». Al igual que hicieron Lenin —con la NEP en el decenio de 1920— y Janos Kádar —en Hungría, después de la insurrección de 1956—, el mercado fue el remedio para compensar la ineficacia productiva del Estado y la escasez y mala calidad de los bienes y servicios que la gestión estatal proporcionaba a la sociedad.

En Cuba se recurrió al capitalismo extranjero, en forma de inversiones y empresas mixtas; y, lo que resulta incluso más sorprendente, al capitalismo nacional, tanto en su variante exiliada, en forma de remesas de dólares que todavía hoy constituyen un capítulo considerable del PIB, como en su variante interna, en forma de pequeñas empresas agrarias, restaurantes privados, artesanos y proveedores de los más diversos servicios.

Agotadas las posibilidades del estatismo, que ya se exploró casi hasta sus últimas —y trágicas— consecuencias, a partir de ahora toda reforma económica irá en el sentido del mercado, es decir, de seguir inyectando dosis mayores o menores de capitalismo para aliviar los males crónicos del sistema comunista. Los voceros del régimen pueden llamarle a eso como quieran —«perfeccionar el socialismo», «instaurar una economía social de mercado», «fomentar la auto-gestión» o «erradicar las tendencias negativas»—, pero la etiqueta ideológica no cambiará la naturaleza del asunto.

Porque la única manera de aumentar la productividad y mejorar el nivel de vida de la población —objetivos que ha proclamado el nuevo/viejo gobierno de Castro II— consiste en avanzar por el camino de la modernización capitalista, lo que equivaldrá a reducir proporcionalmente el grado de socialismo que pre-valece en la economía de la Isla. Eso es lo que Raúl Castro viene haciendo desde febrero pasado con cautela y lentitud sumas, para no suscitar expectativas que puedan exceder el horizonte económico y desbordarse hacia otros ámbitos.

El problema de todas esas medidas parciales es que son arbitrios, paliativos cuyos límites se conocen ya de sobra. Trucos de supervivencia que no alcanzan para conformar un plan racional de desarrollo económico a plazo medio y mu-cho menos una estrategia de largo alcance.

Por eso la pregunta que un estudiante universitario le planteó recientemente al presidente de la Asamblea Nacional, Ricardo Alarcón («La revolución tiene un proyecto. Queremos saber cuál es»), es un interrogante sin respuesta. El proyecto de la «revolución» —es decir, de la cúpula del Partido Comunista que domina el gobierno y administra el Estado— consiste en sobrevivir. Eso es todo. Y la supervivencia no es asunto de largo plazo, ni siquiera del año próximo. La su-pervivencia es cuestión de aquí y ahora. En el plano individual, es buscarse la vida y ver cómo se «resuelven» unas libras de arroz o un poco de carne para ir «escapando» y llegar a fin de mes. Esa mentalidad de «resolver» y «escapar», de ir tirando hasta ver qué pasa, es la del cubano de a pie sometido a las penurias de un sistema absurdo, porque es también, a escala del país, la del régimen que lo oprime. Ni plan quinquenal, ni desarrollismo, ni amaneceres gloriosos: insolida-ridad, rapiña, grosería y neurosis colectiva es lo que predomina en el país real, ese que apenas comienza a asomar en las páginas de Granma.

Cierta izquierda occidental solía vituperar al capitalismo emergente de los paí-ses en desarrollo añadiéndole el adjetivo de «salvaje», epíteto que llevaba implícita, por contraste, la índole científica y civilizada del socialismo. Hoy resulta fácil com-probar que es este último, el comunismo en su versión tardocastrista, el que merece el calificativo de salvaje, como empiezan a reconocer hasta los medios de comuni-cación del régimen, que suelen ser los últimos en enterarse de todo lo que ocurre.

El origen de esa quiebra económica, social y cultural habría que buscarlo en la mezcla de ignorancia, voluntarismo, soberbia y prejuicio antiliberal que condi-cionó las decisiones de Fidel Castro durante casi medio siglo: el desconocimiento

79

supino de cómo opera la creación de bienes y servicios en una sociedad moderna; la fe en la primacía de la política y la ideología —de donde se derivaron boberías como aquella de «vamos a crear riqueza con la conciencia y no conciencia con la riqueza» y otras consignas del mismo jaez—; la necesidad de aplastar la autonomía del ciudadano para hacerlo más vulnerable y dependiente del Estado, y la presunta superioridad moral de quienes desprecian el dinero, el interés y otros instrumentos del capitalismo en aras de «ideales» más elevados, que casi siempre terminan generando nuevas modalidades de servidumbre.

Para quienes comparten esa cosmovisión, basta con elaborar un proyecto grandioso, capaz de ilusionar a las masas, y los recursos para llevarlo a cabo aparecerán luego como por arte de magia. Lo asombroso es que en Cuba así fue, por lo menos hasta 1991, gracias a los subsidios soviéticos. Y ha vuelto a serlo, aunque en menor cuantía, desde 1998, con la entrada en escena de Chávez y su revolución bolivariana. En ese sentido, cabe afirmar que la supervivencia del modelo castrista ha sido un puro milagro histórico.

Consciente del carácter sobrenatural y chiripesco de esa sobrevida, Raúl Castro intenta asentar su poder sobre bases económicas y sociales menos azarosas. Aunque sea a costa de dejar a su hermano en el (mal) papel de Casandra granmense, que cada tres días repite advertencias y sombríos vaticinios sobre la marcha de los acontecimientos.

En el contexto de socialismo salvaje que hoy prevalece en la Isla —corrupción, prebendas, latrocinio, restricciones arbitrarias y quistes monopolísticos al servicio de las 200 familias que detentan la autoridad y usufructúan la riqueza del país—, las reformas adoptadas hasta el momento tienen por único objetivo preservar la configuración actual del poder político y económico. Ese criterio dictará su alcance y limitará sus efectos.

Porque al contrario de lo que parecen creer los miembros de la heptarquía que desde finales de abril manda allí, la cuestión esencial de Cuba no es la escasa productividad ni los bajos salarios ni la mala calidad de la comida, la educación, la medicina, el transporte o la vivienda. Esos rasgos del socialismo cubano son meras consecuencias del problema fundamental, que es la falta de libertad y de garantías para la vida y hacienda del ciudadano.

Sin el derecho a ejercer las libertades fundamentales —de expresión, asociación, movimiento y participación política—, sin el amparo jurídico para la vida y la familia, y sin la protección explícita de la propiedad privada, todas las reformas seguirán siendo un intento de paliar los efectos sin modificar las causas. O, como dirían en Galicia, gaitas y cuentos de meigas.

EL ORDEN DE LOS FACTORES

La decisión de la Unión Europea de anular las sanciones que en 2003 impuso al gobierno de Cuba con motivo de la «Primavera Negra», ha devuelto a la palestra el tema de las reformas que aplica actualmente el régimen de La Habana.

En lo esencial, el razonamiento de las cancillerías europeas, espoleadas por la operación de relaciones públicas de Moratinos y Rodríguez Zapatero, es el siguiente:

Puesto que las medidas de 2003 no lograron la liberación de los periodistas y opositores encarcelados, ni mucho menos la modificación de las leyes que hacen posible arbitrariedades como esa, pues vamos a eliminarlas y a confiarnos a la buena voluntad del nuevo/viejo gobierno de La Habana. Eso sí, advirtiéndole que cada año nos reuniremos para examinar su conducta y, si persiste en portarse mal, pues tomaremos medidas (que forzosamente han de ser otras, puesto que las iniciales no dieron resultado).

Habida cuenta de que varias cancillerías europeas sostienen que en Cuba se ha iniciado un proceso de reformas, esas medidas hipotéticas, si procedieran, tendrían que ser lo suficientemente tiernas y cautelosas como para no lastimar el «proceso». Esa es la ventaja de la semántica diplomática: Una vez que se llega a un acuerdo sobre la etiqueta que cabe pegar a una realidad, el repertorio de respuestas subsiguientes queda prescrito y no es preciso calentarse mucho las meninges.

A una violación del derecho de gentes se responde con sanciones — aunque sean simbólicas—. A un «proceso» hay que responder siempre con estímulos positivos —aunque a menudo resulten inoperantes o contraproducentes—. ¿Y si las violaciones se repiten en el marco del «proceso»? Pues hay que apostar por el optimismo e invocar la benevolencia del nuevo sátrapa (del griego: σατράπης satrápēs, del antiguo persa xšaθrapā(van), «protector del país»).

Pero, ¿en qué consiste el «proceso de reformas» presuntamente desatado por Raúl Castro?

Por ahora, las medidas objetivas han sido la eliminación de algunas prohibiciones al consumo, la erradicación de los topes salariales y muchos rumores sobre lo que podría decretarse, lo que eventualmente se examinaría, lo que tal vez vaya a modificarse, etcétera: títulos de propiedad sobre casas y tierras, abrogación de los permisos para entrar y salir del país, y otras normativas. Sin embargo, por ningún lado se avizoran reformas que afecten otros derechos cívicos fundamentales, como la capacidad de decisión política de los ciudadanos.

Si se considera el balance de dos años de ejercicio de un poder casi absoluto, el expediente resulta bastante escuálido. En la mitad de ese tiempo, con la oposición de la tercera parte de la Asamblea Nacional y de casi toda la prensa, Nicolás Sarkozy ha emprendido la reforma de la educación nacional, el régimen de pensiones, la duración oficial de la semana laboral, la implantación territorial de la judicatura, las leyes del servicio mínimo en caso de huelga y otra docena de asuntos importantes. Y todo eso ocurre en Francia, un país viejo con instituciones y hábitos muy arraigados, partidos paleomarxistas, movimientos antisistema, sindicatos contumaces y una burocracia atrincherada en sus privilegios, en el mejor estilo soviético. En el caso de Cuba, la respuesta —esperanzada, entusiasta, astuta o cautelosa— a esa mezcla de modestas medidas reales y posibles reformas hipotéticas, se fundamenta en una superstición marxista: el cambio de la base económica traerá consigo la modificación de la superestructura política. Dicho de otro modo, cuando el mercado fije los precios relativos de bienes y servicios, y la gente acceda a la propiedad de la tierra y las viviendas, con derecho a comprar y vender lo que deseen, el régimen se verá obligado a conceder a los ciudadanos las libertades y prerrogativas de las que hoy les priva. A fin de cuentas, la lucha de clases es el motor de la Historia.

Pero al ritmo que van las transformaciones bien podría suceder que no, que el gobierno de Castro el Chico llegue a utilizar el mercado para racionalizar un poco la gestión económica y aumentar la productividad, sin modificar ni un ápice del aparato represivo y la superestructura arcaica que le garantizan el poder. Todo eso con la anuencia de buena parte de la comunidad internacional, tan preocupada por no obstruir el «proceso».

De ahí que los disidentes más lúcidos no pierdan el tiempo glosando medidas epidérmicas y declaren que son los cambios políticos los que podrían salvar la situación económica y no al revés: amnistía, revisión de la Constitución y el Código Penal, y convocatoria de elecciones libres bajo supervisión internacional. Esas son las reformas que es preciso exigirle al régimen cubano, sin dejarle que maree la perdiz con rumores, arbitrios y gestos para la galería.

Una vez que se ponga en marcha esa dinámica democrática, la recuperación de la economía será tarea relativamente sencilla. El capitalismo cubano ha demostrado siempre —incluso bajo el castrismo— una considerable vitalidad. La capacidad de creación, de intercambio y de inversión hará posible el crecimiento económico y la prosperidad nacional. Pero esas actividades requieren garantías, en forma de un marco jurídico y un régimen de libertades públicas.

La aritmética enseña que el orden de los factores no altera el producto. En el álgebra superior de la política sucede precisamente lo contrario: una liberalización económica parcial, controlada por un partido hegemónico, puede desembocar en un «socialismo de mercado» —como le llaman los chinos— o en un capitalismo de Estado —como en el caso de Rusia.

Sólo la liberación de todos los presos políticos, la reforma previa de las instituciones, y una consulta equitativa y honrada de la voluntad popular, garantizará a la vez la recuperación de las libertades y el desarrollo económico. Esa es la piedra de toque, la vara que debería servir para medir hasta qué punto las reformas raulistas son un intento serio de sacar al país de la crisis en que se hunde o un simulacro destinado a ganar tiempo y preservar los privilegios de la nueva casta dominante.

UN CHERNOBIL TROPICAL

Los estragos causados en Cuba por los ciclones Gustav e Ike y las repercusiones que ya van perfilándose son comparables al efecto que tuvo en la Unión Soviética la explosión de la central nuclear de Chernobil en 1986.

Sin duda, el costo en vidas humanas ha sido menor en la Isla que en Ucrania: los huracanes son hoy fenómenos muy previsibles y la militarización de la sociedad cubana permite la evacuación en gran escala de las zonas más peligrosas. Pero la magnitud de la destrucción es algo nunca visto en la historia del país.

Ni siquiera en 1898, al final de las guerras de independencia, tras las secuelas de la reconcentración, los combates y las epidemias, la población tuvo que enfrentarse a una devastación comparable. Se calcula que, como mínimo, hay medio millón de personas sin hogar y buena parte de la infraestructura —carreteras, puentes, tendidos eléctricos, escuelas y hospitales— yace en el suelo.

Las cuantiosas pérdidas del sector agropecuario quizá nunca lleguen a evaluarse totalmente. La industria del níquel y el dispositivo turístico —dos de los pilares de la economía, junto con el petróleo que envía Hugo Chávez y las remesas de los cubanos del exterior— también sufrieron daños importantes.

A plazo medio, esta situación puede tener consecuencias económicas y sociales tan radioactivas como los isótopos que se escaparon del reactor ucraniano. Las catástrofes de esa envergadura suelen operar como un revulsivo sobre las sociedades cerradas y semitotalitarias, ya sean de perfil nacional-revolucionario (caso cubano) o de tipo imperial-burocrático (caso soviético).

La crudeza de los mecanismos de control, la ineficacia del centralismo económico, la inepcia de la administración, la inadecuación de las decisiones en materia de infraestructura, vivienda y defensa, y el despilfarro en actividades suntuarias o propagandísticas se ven súbitamente bajo una luz nueva, inusual: la ayuda prometida no llega, el gobierno sube los precios en medio de la crisis, el presidente no aparece por las zonas afectadas y la prensa sigue repitiendo las consignas gastadas y el triunfalismo bobo de siempre.

La gente empieza a preguntarse si no hubiera sido más sensato emplear en la reparación de casas y puentes una parte del cemento que se malgastó en refugios antiaéreos y si los éxitos olímpicos justifican los enormes recursos gastados en alimentar, vestir, calzar y entrenar durante medio siglo a decenas de miles de atletas en centros especializados.

Además, las repercusiones van a dejarse sentir durante un período muy prolongado y a incidir en aspectos particularmente sensibles de la realidad cotidiana. La emigración, la crisis demográfica, la escasa productividad y la carestía de la vida se verán agravadas tanto por la devastación que causaron las aguas y el viento como por la incapacidad del sistema para gestionar apropiadamente la crisis.

Ante esta destrucción sin precedentes, el gobierno de Raúl Castro tiene dos opciones. La primera consiste en seguir como hasta ahora y afrontar con sus propios medios y métodos habituales la tarea de la reconstrucción. En el mejor de los casos, al cabo de incalculables sufrimientos, esa estrategia permitirá acoger en albergues colectivos a los cientos de miles de damnificados y darles de comer malamente dos veces al día. Pero el PIB disminuirá mucho y las condiciones de vida de la mayoría retrocederán a lo que eran a principios de los años de 1990, tras el naufragio del mundo soviético, o incluso a niveles inferiores.

Ese camino lleva al deterioro económico continuo, al «Mariel en cámara lenta» y, con toda probabilidad, al estallido social.

La segunda sería la de abrir de manera total y sincera el país a la ayuda exterior, principalmente a la de Estados Unidos y la comunidad cubana exiliada/emigrada. Esa política no sólo facilitaría el auxilio de emergencia a los damnificados, sino que permitiría la entrada de los recursos y capitales indispensables para la reconstrucción ulterior. Por desgracia, los síntomas vigentes indican que por ahora prevalecerá la política numantina del búnker, la policía política y la propaganda rimbombante.

Pero cualquiera que sea la decisión del gobierno cubano, la sociedad que saldrá de esta etapa será muy diferente de la que existió hasta agosto pasado y, desde luego, muy distinta también de la que los jerarcas del Partido Comunista esperaban pastorear en la fase de consolidación del raulismo. Dentro de algunos años, quizá se verá con más claridad que el parto del poscastrismo en Cuba no comenzó con la enfermedad que casi mató al Comandante en Jefe en 2006, ni con la sucesión dinástica a favor de su hermano menor, sino con el par de ciclones de nombre escandinavo que arrasaron la Isla este verano.

Al ex presidente Ramón Grau San Martín se le atribuye un comentario rotundo sobre una frase que Fidel Castro tomó prestada del Mein Kampf de Adolfo Hitler —sin citar jamás la fuente, por supuesto—. Cuando en 1959 el caudillo victorioso repetía en la televisión su latiguillo favorito de «la Historia me absolverá», cuentan que Grau dijo ante sus amigos: «Sí, la Historia te absolverá, pero la Geografía te condena».

Sin duda el anciano político pensaba más en la cercanía de Estados Unidos que en la condición tropical de la Isla. Pero, en cualquier caso, su observación adquiere hoy un sentido terriblemente profético. La conjunción del mesianismo totalitario y el *fátum* geográfico está a punto de cancelar toda esperanza de que un día Cuba logre recuperar la libertad y la prosperidad que conoció en la era republicana.

LA ERA DE CAPRICORNIO

La elección del senador Barack Hussein Obama a la presidencia de Estados Unidos representa mucho más que un triunfo del ala izquierda del Partido Demócrata o de la integración racial en ese país. Su victoria marca el acceso de una nueva generación al poder político y social en la nación más rica e influyente del mundo. No es sólo un relevo de dirigentes o de partido; es también el inicio de una transición hacia otra época, que promete ser muy distinta de la que ahora concluye.

Los hijos del *baby boom* posterior a la Segunda Guerra Mundial —Bill Clinton y George Bush, Jr.— gobernaron de 1992 a 2008. Fueron los abanderados de la generación que protagonizó el hippismo, la revolución sexual, la popularización de las drogas, la crisis de Vietnam y Watergate, y la gran revolución del liberalismo, la mundialización de tendencias y mercados. Fueron los hombres y mujeres que, ya en la plenitud de su actuación pública, asistieron al derrumbe del socialismo soviético, la prodigiosa transformación tecnológica del último decenio y el auge de nuevas amenazas a la seguridad mundial, casi todas vinculadas al terrorismo islamista.

Según algunos astrólogos, esa generación encarnó cabalmente la Era de Acuario. Fue el tiempo de las ilusiones sobre la paz y el amor universal, el inconformismo, la solidaridad, la búsqueda de paraísos colectivos, la rebeldía y los trastornos mentales. A esa etapa —dicen— sucede ahora en el orden de la rotación zodiacal la Era de Capricornio, en la que sin duda predominarán otros caracteres y valores.

¿Qué puede esperar Cuba en esta nueva etapa? Por lo pronto, en los próximos cuatro u ocho años de presidencia demócrata, es previsible que se reduzca o elimine el semiembargo vigente, que aumenten las relaciones comerciales, se incremente el turismo y se amplíe el acceso de la Isla a los créditos y las instituciones financieras internacionales.

Ocho años de mandato demócrata le darían además al régimen la oportunidad de deshacerse de otro medio millón de desafectos y posibles opositores (al ritmo actual de unos 50.000 emigrantes al año) que, apenas instalados en el extranjero, se convertirían en fuentes de remesas para las familias de la Isla. Esa válvula de escape contribuiría además a paliar la inconformidad de los jóvenes con el sistema castrista.

Ese período sería también un plazo razonable para iniciar la extracción de petróleo en la zona del Golfo de México bajo jurisdicción cubana. Este aspecto económico podría tener una triple repercusión en el porvenir de la Isla: aumentaría los ingresos del gobierno, reduciría la dependencia de un personaje tan imprevisible como Hugo Chávez, cuya solidez política depende sobre todo de la cotización del crudo en los mercados mundiales, y aumentaría el interés de México, Brasil y el propio Estados Unidos en mantener relaciones cordiales con el régimen de La Habana.

Lo último, aunque no lo menos enjundioso, es que la reconciliación con Washington equivaldría a la legitimación definitiva de la dictadura cubana. La estrategia castrista de «resistencia al imperialismo» obtendría una victoria inapelable a los ojos del pueblo y de los sectores latinoamericanos que todavía comparten el antiyanquismo primario utilizado y azuzado por el castrismo. La reciente capitulación incondicional de la Unión Europea se debió, en parte, a que las cancillerías del Viejo Continente daban por descontado el triunfo de Obama y el previsible giro de la política estadounidense hacia Cuba.

Es probable que, en caso de negociación con Washington, Raúl Castro se vea obligado a hacer concesiones. Por ejemplo, Obama le pedirá que suelte a los presos políticos. Pero quedará en pie el aparato represivo y jurídico necesario para volver a llenar las cárceles de opositores en cuanto lo estime conveniente.

Lo de reformar ese dispositivo sería harina de otro costal. Porque Castro II siempre podría invocar la soberanía, la no injerencia, la vigencia de la pena de muerte en Estados Unidos, etcétera. En última instancia, el régimen podría aplicar alguna medida simbólica, como ha hecho al suscribir los pactos de derechos humanos de Naciones Unidas —que seguirán siendo papel mojado mientras el resto del aparato estatal se mantenga incólume—. Y hasta podría ir más lejos y tolerar cierto grado de pluralismo político y celebrar elecciones con la participación de una oposición amaestrada. Durante los 40 años que duró el comunismo en Hungría siempre hubo varios partidos minoritarios que se repartían el 10% de los escaños en el Parlamento. El Partido Comunista conservaba el 90% restante, repartía los naipes y cortaba el bacalao.

La epifanía de la Era de Capricornio llega en un momento providencial para el nuevo/viejo gobierno de Castro II. Nunca había atravesado el comunismo cubano una situación de tanta fragilidad social y económica, ni siquiera después del naufragio de la URSS. Tras la crisis financiera mundial, el bajón del petróleo y la devastación causada por los ciclones Ike y Gustav, las perspectivas de recuperación estaban bajo mínimos, por más que los voceros del castrismo alardeasen de cifras de crecimiento económico absolutamente delirantes.

La disposición de Obama a dialogar con el régimen y a aflojar o eliminar las restricciones vigentes, augura una etapa de gran alivio para los jerarcas de La Habana. Si hasta ahora la sociedad ha aguantado resignada las condiciones de vida que el gobierno le ha impuesto, ¿qué no aguantará si en vez de seis libras de arroz al mes recibe siete o si le aumentan un poco la ración trimestral de masa cárnica o de tilapia transgénica?

Tanta pasividad en un pueblo antaño levantisco y celoso de su libertad, ha intrigado siempre a los politólogos. El régimen la presenta como prenda de la adhesión popular a la causa del socialismo. La oposición la denuncia como síntoma de una patología social generada por el totalitarismo.

En cualquier caso, esa pasividad no desentonará con los tiempos que comienzan. El símbolo de Capricornio es una cabra con cola de pez.

PARA VIGO ME VOY

Con puntualidad astronómica, desde 1965 el castrismo ha producido cada quince años una oleada de refugiados dispuestos a abandonarlo todo —familia, amigos y hacienda— con tal de escapar de Cuba. Las crisis migratorias de Camarioca (1965), Mariel (1980) y los balseros de 1994 fueron los hitos de esa estampida recurrente. La exactitud de la frecuencia invita a la glosa sociológica. Quince años son el plazo de una generación, según el cómputo de Ortega y Julián Marías. De manera que tres generaciones sucesivas habrían corroborado con su fuga el fracaso del sistema.

Porque, a fin de cuentas, el flujo migratorio es la piedra de toque, la prueba de la coneja. Nadie abandona un país medianamente vivible; nadie emigra con lo puesto a un destino incierto, si la circunstancia política o económica no lo oprime en demasía.

A punto de cumplirse tres lustros del «maleconazo» de 1994, la nueva fuga masiva no falta a la cita. Sólo que esta vez reviste un aspecto más ordenado y providencial: una cláusula de la Ley de la Memoria Histórica aprobada por el Congreso español que les permitirá a muchos cubanos adoptar en breve la nacionalidad de sus antepasados. Ya son miles los que hacen cola en La Habana para pedir los formularios.

¿Cuántos se beneficiarán de la disposición salvadora? Los servicios consulares esperan más de 200.000 solicitudes y calculan que unas 150.000 «llegarán a buen puerto». Si se toma una media familiar de cuatro personas, eso significa que más de medio millón de españoles instantáneos tendrán pronto derecho a abandonar la Isla. Barcelona, Málaga, Algeciras, Vigo o Santander son puertos amplios y bien habilitados (Bilbao y San Sebastián no parecen tan recomendables, al menos mientras gobiernen allí los nacionalistas enfeudados a ETA). Tanto monta.

Los balseros virtuales de 2009 se aprestan a atracar en cualquier ría, golfo, ensenada, bahía o dársena que los acoja, con tal de que se encuentre lo más lejos posible de la isla que dejan a sus espaldas.

Discursos, promesas, «reflexiones», aniversarios y consignas triunfalistas palidecen ante este dato pavoroso: 600.000 súbditos del castrismo están haciendo ya la maleta (así, en singular, porque todo cabe en una) para largarse cuanto antes del paraíso socialista. Eso representa más del 5% de la población actual del país, que, dicho sea de paso, viene disminuyendo desde hace dos años.

Se van sin importarles la educación y la medicina gratuitas, sin prestar atención a los éxitos deportivos ni a las operaciones de cambio de sexo que reclama Mariela Castro; sin esperar el fruto de las reformas que quizá se aprueben dentro de unos meses o unos años; sin estimar la «dignidad», la «soberanía» y otros atributos que el régimen dice haberles conquistado. Se escapan por la primera rendija de la muralla de bagazo y estupidez que el totalitarismo erigió en torno a la Isla, y que nadie sabe ahora cómo desmontar sin que le caiga encima.

Es obvio que la mayoría de estos nuevos emigrantes pasarán en la Península el tiempo mínimo indispensable para abordar el primer avión que los lleve a Estados Unidos, donde los españoles pueden entrar sin visado. Algunos apenas llegarán a conocer el aeropuerto de Barajas o, como mucho, las pensiones de Atocha, la Plaza de Colón o Chamartín. Una vez desembarcados en Miami o Nueva York, se despojarán del pasaporte español con la misma celeridad con que lo adquirieron y reclamarán su condición de *Cuban refugee*, de conformidad con la norma de pies secos/pies mojados vigente desde la década pasada.

A mediados de 2009, cuando el fenómeno adquiera velocidad de crucero, el flamante gobierno del presidente Obama se verá confrontado a una peculiar «crisis de balseros», sólo que entonces éstos llegarán por vía aérea y con España interpósita.

En ese momento, con la falta de agilidad de suele caracterizar a la política norteamericana en su trato con Cuba, Washington tendrá que escoger entre dos opciones incómodas: o cambia el acuerdo bilateral con España y restaura la obligación mutua de visado, o abroga la Ley de Ajuste cubano y elimina la política de pies secos/pies mojados. Un regalito póstumo del Comandante, que previsiblemente estará ya en el Cielo —como premio a sus buenas obras— riéndose de la última pasada que les jugó a los yanquis. Por eso los jerarcas del partido único se frotan hoy las manos ante esta carambola inesperada. Menos bocas que alimentar y menos descontentos *ojalateando* en las calles; más asientos libres en las guaguas y más remesas y turistas domesticados en perspectiva. De nuevo la providencia le guiña un ojo al sátrapa moribundo y una democracia occidental, indirectamente, acude a socorrerlo por los caminos más inescrutables. La válvula se abre para dejar escapar la presión amenazadora y el conflicto socioeconómico se traslada de las calles de La Habana a las de Hialeah: *welfare*, *medicaid* y *medicare* seguirán financiando la construcción (es un decir) del socialismo del siglo XXI.

Se equivocó Mallarmé con lo del «*coup de dés*». El azar juega a veces con los dados cargados y las cartas marcadas. Una vez más el régimen castrista sobrevive sacrificando el futuro de la sociedad civil. Adiós Cuba, esa abstracción de pesadilla. Para Miami me voy, con escala en Vigo o Barajas (tanto monta).

REVOLUCIÓN Y CADAVERINA

Durante más de dos años, la agonía de Fidel Castro ha gravitado sobre los cubanos como una sombra hecha a partes iguales de aprensión y esperanza. Cuando los divertículos lo traicionaron en el verano de 2006 y lo dejaron con un pie en la barca de Caronte, el Comandante vivibundo decidió que seguiría orientando desde el lecho la gestión de su heredero e ilustrando al pueblo mediante artículos de prensa de una hondura filosófica insondable, modestamente titulados «Reflexiones del Compañero Fidel».

Las ausencias y omisiones de estos días, en la fecha más prominente de la liturgia revolucionaria, el quincuagésimo aniversario del triunfo de 1959, apuntan a que el tiempo de descuento se le está acabando. Las últimas declaraciones de su *alter ego*, el coronel-presidente Hugo Chávez, sugieren incluso que el anciano dictador ya está *in articulo mortis* y sólo falta que en el primer círculo los íntimos se pongan de acuerdo para desenchufarlo. Aunque el suceso se veía venir, no por eso deja de tener su enjundia. Medio siglo de ejercicio del poder absoluto es una marca mundial que será muy difícil de igualar. En ese plazo, los ideólogos del castrismo han ido forjando una vasta (y basta) sinécdoque, según la cual la nación cubana se identifica con su vanguardia, el Partido Comunista, que a su vez está condensado en los 100 miembros del Comité Central que se reparten los cargos más importantes.

En la cúspide de esa pirámide, Castro I reunía todos los poderes —Jefe de Estado y de Gobierno, Primer Secretario del PCC y Comandante en Jefe de las Fuerzas Armadas— y encarnaba a la vez a la nación, la patria y la revolución. Esta transubstanciación era ya tan evidente desde el principio, que en 1967 un periodista norteamericano publicó un mamotreto apologético con el ambiguo título de *Castro's Cuba, Cuba's Fidel*. Suma y símbolo de la cubanidad, definida ésta como una entidad teleológica revolucionario-comunista, Castro I resumía en su augusta persona toda la Historia de la Isla, desde la flamígera ejecución del cacique Hatuey hasta la llegada de los flamantes autobuses Hutong enviados por China para reemplazar a los *camellos.*

En este sentido, su muerte simboliza también el tránsito de una sociedad completa, no sólo el fin previsible de un régimen inmovilista y anacrónico al que, sin ironía, muchos llaman todavía «la revolución». Lo que está agonizando en La Habana estos días, más que un anciano escuchimizado, es toda una época, con sus usos y sus valores, su estética cochambrosa y su propaganda atorrante, con «su puta, su obispo y sus muchos policías», que según el verso de Heberto Padilla son indispensables para construir el socialismo.

La sucesión dinástica de estilo norcoreano que el dictador diseñó parece funcionar por el momento. La sociedad está demasiado agotada y atomizada para hacer otro esfuerzo que el exigido por la más elemental supervivencia. Pero si los herederos no se apresuran a pasar página y a desmarcarse del legado, dentro de poco les pueden crecer los enanos y entonces las peras se les pondrán a cuarto, o incluso a octavo.

Algunos académicos residentes en el exterior se escandalizaron por la explosión de alegría que recorrió al exilio cubano en 2006, cuando parecía que Castro I estaba a punto de desaparecer. Hasta proclamaron, aprovechando el manido apotegma martiano, que era preciso «honrar» al sátrapa agonizante.

Como buen ateo, me parece que esa caridad cristiana podría encontrar mejor destinatario. Pero eso es asunto de cada quisque con su texto y su conciencia. Parafraseando el machón de un conocido periódico norteamericano, podría decirse que las opiniones son libres pero los hechos son tozudos.

Por lo que a mí me toca, que no es mucho desde la perspectiva histórica, pero demasiado desde la personal, conservo en la nevera tres botellas de champán, que me tomaré con mis amigos, mirando en la tele las imágenes del sepelio, cortesía de CNN.

Y a los académicos bien pensantes, los remito a las palabras que pronunció el presidente de la Convención Nacional, Jean-Lambert Tallien, el 10 Thermidor del Año II (28/7/1794) al recibir la noticia de la ejecución de Robespierre: «Reunámonos con nuestros compatriotas para compartir su alegría. El día de la muerte de un tirano es una fiesta de la fraternidad».

DOS SEPELIOS

Ayer, martes 24 de julio de 2012, la televisión española ofreció algunas imágenes de la misa fúnebre y el entierro de Oswaldo Payá. A estas alturas de la Historia y de Internet, no hace falta explicar quién fue Oswaldo Payá. Es posible que hasta en China algunos internautas curiosos ya estén al corriente de su vida, obra y muerte.

También muchos cubanos de la isla, que hasta hace poco estaban desinformados y apenas sabían quiénes eran y qué hacían los opositores al régimen, se enteraron de que Payá había muerto en un accidente automovilístico. Sabían que la misa en la iglesia de El Cerro y el cortejo fúnebre hasta el Cementerio de Colón eran la ceremonia de despedida a un hombre que había sacrificado lo mejor de su talento y su tiempo vital a tratar de devolverles la libertad y los derechos que el régimen actual les ha confiscado. Por eso hubo unos 400 que se atrevieron a ir al templo a dar el pésame a la familia y testimoniar, con su presencia y sus aplausos, la admiración que sentían hacia Payá y el agradecimiento que su labor había suscitado. El resto, la masa temerosa, indiferenciada e indiferente, se agolpó por miles en las aceras a ver el paso del cortejo, en un silencio más asombrado que respetuoso. El mismo silencio con que contemplaron la acción represiva a la salida del templo, cuando la policía apaleó y arrestó a tres docenas de disidentes que proferían gritos en pro de la libertad y los derechos humanos. Estas imágenes me hicieron evocar otro sepelio que tuvo lugar en esa misma ciudad, hace 40 años. En mayo de 1972, el dirigente estudiantil Pedro Luis Boitel murió de hambre y sed en el Castillo del Príncipe, tras una huelga de 53 días. Las autoridades carcelarias le negaron la atención médica que necesitaba y, en sus últimos días, le cortaron el agua.

Aunque en vida Boitel no alcanzó la notoriedad internacional que ha tenido Payá, sí creo que dentro de Cuba su nombre y su figura pública obtuvieron muchísimo reconocimiento entre 1958 y 1960. Había participado en la lucha revolucionaria que derrocó al gobierno de Fulgencio Batista. Luego regresó a las aulas y fue un destacado dirigente estudiantil. En unas elecciones amañadas, el gobierno castrista le impidió acceder a la presidencia de la Federación de Estudiantes Universitarios. Su postura en favor de la democracia y la libertad representaba una amenaza para el régimen totalitario que Castro, con la ayuda de la Unión Soviética, empezaba a implantar en la isla. Al cabo de unos meses, Boitel fue arrestado y condenado a 10 años de prisión.

Dos o tres semanas después del fallecimiento de Boitel, supe que iba a celebrarse una misa en su memoria, en una pequeña iglesia habanera. Su madre, Clara Abraham, que era una ferviente católica, había logrado que el cura de la parroquia que ella frecuentaba accediera a pronunciar unas palabras sobre Pedro Luis durante el oficio dominical.

Cuando llegué al templo el domingo por la mañana, me sorprendió ver a una feligresía bastante numerosa. Por esos días, acudía a la iglesia muy poca gente. Quien profesaba públicamente una fe distinta del marxismo-leninismo-castrismo era tildado de «desafecto» al régimen y se exponía a la hostilidad gubernamental, que se expresaba mediante la coerción y la discriminación. La gama de medidas era muy amplia: desde la prohibición de cursar estudios universitarios que pesaba sobre los católicos y otros grupos cristianos, hasta la predilección que manifestaban los carceleros por herir con sus bayonetas en las nalgas a los creyentes abakuás que guardaban prisión, como afrenta suprema e indeleble a los códigos de hombría que sustentan esa religión. Pero en aquella pequeña iglesia habanera, en esos días de silencio y represión, se habían dado cita varias docenas de fieles, para —pensé conmovido— despedir a un hombre valiente, que había ofrendado su vida por el decoro y la libertad de todos.

Una segunda ojeada a la concurrencia me devolvió los pies a la tierra. Los trajes relucientes, las camisas de poliéster y los gruesos cogotes rapados indicaban que por lo menos la mitad de la audiencia estaba compuesta de agentes de la policía política. La torpeza evidente con que seguían los movimientos de la liturgia denotaba lo poco habituados que estaban al oficio religioso. Y entre los amigos y ex presos que habíamos compartido la suerte de Pedro Luis, nadie conocía a ninguno de esos feligreses instantáneos.

En realidad, quienes habíamos asistido a la misa fúnebre para rendir tributo a Pedro Luis Boitel esa mañana de junio de 1972 éramos cuatro personas, que nos sentamos en torno a Clara: dos ex presos políticos y dos parientes de presos que todavía estaban encerrados en La Cabaña. La misa transcurrió con normalidad, sin que se mencionara para nada a Boitel. Durante la homilía, el cura se atrevió a decir «rogamos también por el alma de nuestro hermano Pedro Luis, que falleció recientemente». Lo dijo con suma rapidez y en un tono de voz liso, sin la más mínima inflexión que pudiera, quizá, malinterpretarse como portadora de alguna alusión política. No hubo cortejo fúnebre ni visita al cementerio porque la familia nunca recibió el cadáver ni supo hasta mucho después dónde lo habían sepultado.

Cuarenta años separan a los dos sepelios. En la despedida de Pedro Luis Boitel, cuatro amigos acudimos a la iglesia y acompañamos a su madre, en una ceremonia casi clandestina. Ayer, en La Habana, 400 opositores se atrevieron a asistir al templo para despedir a Oswaldo Payá. Y en el entierro ocurrieron los incidentes que mencioné al inicio de estos párrafos.

Esas dos imágenes simbolizan quizá el camino que en cuatro decenios ha logrado recorrer la oposición cubana en su lucha por recobrar el pleno ejercicio de sus derechos cívicos. Según se mire, la copa de la libertad puede parecer medio vacía o medio llena. Pero en cualquier caso, todavía está lejos el momento en que una última gota alcance a colmarla.

ANTICLÍMAX OLÍMPICO

El triunfalismo crónico de la prensa cubana ha glosado los éxitos deportivos nacionales en los XXX Juegos Olímpicos en Londres. La delegación obtuvo 14 medallas —5 de oro, 3 de plata y 6 de bronce— y terminó entre los primeros 20 países, cualquiera que sea el baremo con que se mida su desempeño.

Pero el incienso de los turiferarios y las cifras pregonadas ocultan una realidad menos brillante. Las preseas que los atletas cubanos obtienen en las Olimpiadas vienen declinando desde los Juegos de Barcelona (1992) cuando alcanzaron el máximo histórico de 31 medallas. Los resultados posteriores —25 en Atlanta, 29 en Sidney, 27 en Atenas, 24 en Pekín— reflejan la decadencia paulatina de la fábrica de campeones del sistema castrista. Las 14 medallas de Londres sitúan a Cuba en un puesto similar al alcanzado en Montreal hace 36 años, cuando ganó 13, con la diferencia de que entonces consiguió 8 oros y ahora sólo 5, y con el agravante de que todos en todos los deportes colectivos los cubanos quedaron eliminados en las pruebas clasificatorias, por lo que sus equipos no viajaron a la capital británica. En la década de 1960 el Gobierno cubano (o sea, Fidel Castro) decidió que el deporte sería una vitrina propagandística de primer orden. Según el modelo soviético, el régimen realizó cuantiosas inversiones para maximizar la cosecha de medallas que pondría de manifiesto la superioridad del hombre nuevo forjado por el marxismo-leninismo cubano. Las escuelas primarias y secundarias especializadas (EIDE), las de perfeccionamiento atlético (ESPA) y las múltiples variantes de los equipos nacionales, conformaron una estructura piramidal encargada de preparar a futuros campeones olímpicos, sin importar el precio humano y económico que la tarea pudiera comportar.

Otra faceta de esa estrategia —clave de algunos insólitos triunfos deportivos cubanos— fue invertir en deportes sin arraigo nacional y muy poco practicados en el resto del mundo, pero presentes en el programa olímpico como el bádminton, el kayak y el lanzamiento de martillo femenino.

Las condiciones sociales cubanas de entonces contribuyeron mucho al éxito inicial de esta política. Había una gran tradición deportiva, los jóvenes disponían de pocas opciones recreativas, la distinción atlética generaba prebendas inasequibles al ciudadano común (viajes, ropa, comida segura y exención de penosas tareas «revolucionarias» como la zafra azucarera o las maniobras militares) y el prestigio social alcanzado por los triunfadores abría oportunidades en la estructura del Estado.

Todo ese montaje funcionó mientras los subsidios soviéticos permitieron financiar el despilfarro castrista. Desaparecida la URSS en 1991, la decadencia del deporte cubano era inexorable. A la disminución de recursos debe añadirse la fuga de numerosos deportistas y entrenadores de primer orden, quienes han tomado la contrarrevolucionaria decisión de hacer con su vida y su talento lo que les dé la gana y no lo que ordenan los administradores del geriátrico caribeño.

Durante años los exégetas del castrismo han comparado los resultados proporcionales de Cuba en los Juegos Olímpicos con los de otras naciones donde imperaba el «deporte rentado». Es decir, calculaban cuántas medallas por habitantes lograba el país, los resultados en función del PIB, etc. La conclusión ineludible era que el sistema cubano superaba al de cualquier enemigo capitalista, en especial a Estados Unidos.

Pues bien, en estos Juegos Olímpicos, Jamaica, Trinidad-Tobago, Nueva Zelanda, Hungría y Australia lograron más medallas por habitantes que Cuba. Y según el cociente resultante de dividir el PIB entre el número de preseas, el resultado de Jamaica es 3 veces superior al de Cuba.

Paradójico destino del deporte cubano. El régimen lo promovió mediante inversiones que ningún país democrático podía permitirse, porque iban en detrimento de otros sectores económicos más necesarios, hasta transformarlo en una eficiente máquina de propaganda. Su declive refleja ahora la decadencia general del socialismo implantado por los hermanos Castro. A los jóvenes cubanos, cada vez menos numerosos, les interesan cada vez menos los muchos sacrificios y las magras recompensas que comporta la disciplina deportiva.

Los resultados de esta Olimpiada parecen indicar que el castrismo nunca avanzará más rápido, ni subirá más alto, ni será más fuerte. *Good bye, London. The party is over.*

SUS COMPAÑORÍAS

Nota liminar: Desde hace algún tiempo acariciaba la idea de escribir esta carta a los diputados del Parlamento cubano, también denominado Asamblea Nacional del Poder Popular. Pero el vocativo mismo planteaba ya un dilema. El término «compañeros» ha caído en desuso en Cuba (¿síntoma de los tiempos?) y el de «señorías», habitual en Europa, sonaba un tanto almidonado. Hasta que encontré la fórmula cabal, que por una punta expresa la raíz proletaria del cargo y por la otra alude al futuro pseudocapitalista al que parece abocada la isla. Disculpen, pues, el neologismo.

Sus Compañorías:

El motivo de la presente es la singular coyuntura por la que atraviesa nuestro país y, por ende, cada uno de Ustedes en tanto que ciudadanos y la institución que componen.

Las reformas que últimamente viene aplicando el gobierno del general Raúl Castro son, según el propio mandatario, otros tantos esfuerzos por adecuar las estructuras económicas a las condiciones reales del país, con la intención de mejorar la productividad, perfeccionar las instituciones y fomentar el bienestar social.

Muchísimo se ha escrito sobre la oportunidad, el calado y la rapidez de estas medidas. No voy a terciar en la polémica de si son reformas trascendentales o cambios cosméticos. Sólo quiero referirme aquí a un aspecto que ha recibido escasa atención y sobre el cual de seguro Sus Compañorías querrían obrar.

Hasta ahora, las medidas se han orientado casi exclusivamente a la economía. Al igual que Ustedes, yo he leído a Marx, a Keynes y a Friedman. Comprendo la obvia importancia del hecho económico, sobre todo en nuestra época. Pero, aunque se les considere fenómenos «supraestructurales», ¿no creen Ustedes que las dimensiones política y social merecen también modestas reformas que permitan perfeccionar el modelo heredado de la extinta Unión Soviética?

No se trata de que el Parlamento cubano, que tan morigerado ha sido durante decenios, vaya a exigir ahora incontinenti la amnistía de los presos políticos, el fin del monopolio estatal sobre los medios de comunicación o la convocatoria de elecciones libres y pluripartidistas, nada de eso. Pero sí podría proponer algunas medidas menos subversivas y poco onerosas, que facilitarían el empeño reformista del poder ejecutivo y sin duda mitigarían las penurias de la población.

Permítanme algunas sugerencias sobre cuatro ámbitos en los que podrían legislar:

1. Educación: Autoricen el libre ejercicio de la docencia. No es lógico ni justo que cualquier graduado universitario pueda abrir una paladar o trabajar de taxista y que ningún maestro pueda enseñar en sus ratos libres. Dejen que las agrupaciones religiosas establezcan sus propias instituciones pedagógicas y que las familias escojan el tipo de educación que prefieran para sus hijos. En realidad, esa tendencia ya está en marcha. Ustedes sólo contribuirían a su tardía legalización. Les aseguro que esas medidas mejorarían considerablemente el rendimiento académico de los alumnos. Con un poco de suerte, pronto Cuba llegaría a tener al menos una universidad entre las primeras 1.500 del mundo, categoría en la que ahora brilla por su ausencia, cualquiera que sea la entidad que haya compilado la lista.

2. Sanidad. Dejen que los profesionales de la salud presten servicios particulares en sus horas libres. Por la misma regla de tres que antes usé con respecto a los taxistas y paladaristas: es justo, es lógico y será bueno para el país. La gente estará mejor atendida (quizá se eviten algunos brotes de cólera y dengue) y los galenos, más contentos. Claro que algunos ganarán más dinero. Pero la oferta será abundante y los recursos seguirán escaseando, de modo que no habrá millonarios instantáneos.

3. Deporte. Permitan que los deportistas de todas las especialidades puedan salir a competir en las ligas profesionales de cualquier región del mundo y regresar libremente al país. Las mejores ligas deportivas nunca han estado en Cuba, aunque en algún momento del pasado la isla haya dado atletas excepcionales. Las ventajas de esta reforma son obvias: aumentará a la par el nivel atlético y los ingresos del Estado, reducirá el sufrimiento de quienes ahora tienen que huir para medirse con los mejores (prófugos a los que hoy se denomina oficialmente «desertores», como si todos hubieran sido militares) y evitará el bochornoso espectáculo de retener a sus fami-

liares como rehenes. Hasta puede que así Cuba obtenga mejores resultados en los Juegos Olímpicos y logre frenar la decadencia que la ha hecho pasar de 31 medallas en Barcelona (1992) a 14 en Londres (2012).

4. Emigración/Inmigración. Confieso a Sus Compañorías que éste es el tema más peliagudo. Pero, si el Parlamento propusiera la libre circulación de deportistas, ¿por qué no extendería ese derecho a todos los ciudadanos? Si, en aplicación de los derechos universalmente reconocidos, todos los cubanos pudieran entrar y salir libremente de la Isla, muchos de los problemas actuales hallarían pronto alivio. Aumentarían los ingresos de las familias, disminuirían el jineterismo, el balserismo y otros fenómenos nocivos para la imagen del país y quizá hasta podría iniciarse la recuperación demográfica, al mejorar las condiciones de vida. Y les aseguro que el tráfico aéreo no colapsaría por exceso de vuelos.

Esta lista de sugerencias no es exhaustiva, pero el espacio tampoco da para más. En la próxima carta les enviaré otras ideas, con el sincero deseo de que las examinen por lo que pudieran valer.

Hago propicia la ocasión para reiterar a Sus Compañorías el testimonio mi más distinguida consideración.

LENGUAJE Y TOTALITARISMO

Uno de los atropellos más graves que la libertad padeció a manos del totalitarismo en el siglo XX fue la confiscación del lenguaje. La progresía marxista se apoderó de conceptos como democracia, justicia, desarrollo, independencia y modernidad, y los aplicó a realidades que poco tenían que ver con el sentido original de las palabras.

A veces, éstas terminaron por significar lo contrario de lo que supuestamente designaban. Y donde la inversión semántica no cuajó, se le añadió al término un adjetivo que potenciaba la superchería. Así tuvimos democracias populares, justicia social, desarrollo humano y una larga lista de vocablos de la neoparla o el neolenguaje (Orwell *dixit*), que acompañó con su furor al ruido noticioso de finales de siglo.

Quizá lo peor de todo fue que las propias sociedades occidentales consintieron esa metamorfosis lingüística y terminaron por aceptar como buenas, si no las realidades mentadas, sí las etiquetas que las enmascaraban. Y aunque el totalitarismo marxista ya murió su muerte, esa claudicación prosigue en nuestros días. Ejemplo al canto:

Diversos medios de prensa que no son precisamente favorables al régimen de Cuba, publicaron recientemente la noticia de que la hija de un alto funcionario del gobierno castrista había pedido asilo en Estados Unidos. Casi invariablemente el titular de la noticia proclamaba que la muchacha «había desertado». Como desertar es, en sentido recto, «abandonar el soldado sus banderas» y sólo en sentido figurado y de manera muy infrecuente se emplea para designar la acción de alejarse de amigos o familiares, parecía que la joven en cuestión desempeñaba un cargo militar importante en la isla. Pero resultó que no, que era una simple psicóloga y que aprovechó la celebración de un congreso de su especialidad en México para echar a correr hasta la frontera del Norte, donde mostró a los gendarmes sus pies primorosamente secos y les dijo que tenía una tía en Tampa.

Huelga señalar que el término «desertor» posee una connotación peyorativa. Quien deserta abandona a sus compañeros de armas, a veces en momentos de gran peligro, y por lo general su proceder es sinónimo de traición y cobardía. Al régimen castrista le viene de perillas que la propia prensa occidental tilde de desertor a todo cubano que busque asilo, cuando en realidad, el calificativo más apropiado sería el de prófugo o fugitivo, porque esa persona huye de un país que cada vez se parece más a un vasto presidio.

En Cuba la práctica del neolenguaje socialista ha generado un léxico que, de no ser porque encubre una realidad nefasta, sería para morirse de risa. Así, la cartilla que sirve para racionar los productos de primera necesidad se denomina «libreta de abastecimiento», la oficina que tramita las peticiones de salida del país recibe el nombre de «Departamento de Inmigración», los parados o desempleados son «interruptos» y cualquier tarea adicional no remunerada que el gobierno imponga se llama «trabajo voluntario». (Recuerdo que en la escuela terminamos por calificarlo de «obliguntario»). Un empresario no es un empresario, sino un «cuentapropista» (antes, «merolico»). Los productos que escasean, no es que no estén, sino que «están en falta» y, como para subrayar el paternalismo del Estado, los pocos que venden no los venden, sino que «los dan». (¿Qué dan hoy por la libreta? es una pregunta que todavía se escucha con frecuencia. En 50 años de racionamiento, a nadie se le ha ocurrido preguntar ¿qué venden hoy por la libreta?).

Algún lingüista futuro se encargará de estudiar la jerga de la era castrista y su función en el dispositivo estatal de represión y propaganda. Con estos apuntes sólo he querido dejar constancia de hasta qué grado la profecía orwelliana se ha cumplido en nuestro tiempo. La aplicación exitosa del neolenguaje y su difusión universal fuera del contexto europeo, auspiciada por la caterva de cómplices, borregos e indiferentes que lo repiten, demuestran su capacidad de trascender culturas y usos idiomáticos.

Como lenguaje y pensamiento son indisociables, la génesis de una cultura de libertad en Cuba quizá deba empezar con la promoción de la higiene del idioma a fin de, parafraseando a Rubén Martínez Villena, despojarlo de la «costra tenaz del socialaje», para abrir camino a nuevas ideas y maneras inéditas de considerar las cosas. Palabra en libertad: todo un programa de subversión filológica, para socavar una de las raíces más hondas del menguante totalitarismo caribeño.

CUARTETOS DE QUIMBUMBIA

En el remotísimo decenio de 1980, justo antes de que los alemanes derribasen el Muro y el imperio soviético cayera en el dispositivo de reciclado de la Historia, circulaba por los países socialistas una adivinanza: ¿Qué es el cuarteto de cuerdas de Leningrado? Respuesta: Es la orquesta sinfónica de Leningrado, tras una gira por Europa occidental.

Hace unos días se fugaron cuatro integrantes de un equipo femenino cubano que viajó a Canadá para participar en un torneo internacional de béisbol. Muy pronto, las novenas de pelota cubanas volverán a la isla convertidas en cuartetos de quimbumbia. Para quienes no conozcan el dialecto cubano, debo aclarar que la quimbumbia es un entretenimiento callejero minimalista, remotamente emparentado con el béisbol, que se juega con menos participantes y un equipamiento, digamos, somero. Es como si el béisbol, en vez de haber nacido en Cooperstown fruto de la diversión dominical de unos guajiros norteamericanos, hubiera sido inventado en la Rive Gauche por Marcel Duchamp y Jacques Derrida.

La deserción de prominentes artistas, intelectuales y espías de los regímenes del Este aumentó tanto en los años previos a 1989, que a finales de la década casi había dejado de ser noticia. A la luz de lo que ocurrió después, esa fuga de la *intelligentsia* fue uno de los síntomas más claros de la descomposición del modelo soviético. La vida bajo el socialismo real se les hacía insoportable incluso a quienes gozaban de algunos privilegios. Pero «las masas» seguían apoyando unánimemente al partido único, desfilaban entusiastas en las fechas patrias y aplaudían con fervor los discursos de sus seniles dirigentes. Hasta que llegó el año 1989 y toda la escenografía de cartón piedra se vino abajo en pocas semanas.

La necesidad de limitar la circulación de personas y de información para facilitar la edificación de la nueva sociedad es uno de los problemas fundamentales del comunismo real. Es a la vez su dilema constitutivo y su pecado original. La construcción del socialismo es una tarea compleja que, como vimos en la Unión Soviética, puede abarcar a varias generaciones. Y mientras el sistema no alcanza el grado de perfección que le permita cumplir la promesa de prosperidad, justicia y libertad para todos, es preciso reprimir drásticamente el ejercicio de algunos derechos cívicos. El objetivo consiste en reducir al mínimo el contacto de los ciudadanos con el mundo exterior y controlar la información que reciben, mientras se les adoctrina en los valores del marxismo-leninismo. Se evita así el contagio de las ideas capitalistas, el espejismo del consumo y las tentaciones de la libertad. El incordio es que esa tarea requiere un gran aparato de vigilancia y delación, muchísimos censores y policías, y un enorme sistema penitenciario, porque la gente no suele aceptar resignadamente que el Estado los reprima en aras de una utopía perennemente aplazada.

En Cuba ese dispositivo se estructuró rápidamente a partir de 1959 y durante mucho tiempo funcionó con notable eficacia. La condición insular del país y el estado de la tecnología en esa época facilitaban la labor de control, vigilancia, censura y represión. Pero 30 años después el mundo cambió y el mecanismo empezó a averiarse. Hoy el universo soviético no existe, la coalición antiyanqui que integran Venezuela, Irán y Corea del Norte no le ofrece a Cuba un contexto internacional equivalente y las nuevas tecnologías han multiplicado el volumen de información y comunicación al que los ciudadanos pueden acceder y han menoscabado la capacidad de control del Estado. A pesar de los obstáculos que impone el gobierno, en los 20 años transcurridos desde la desaparición de la Unión Soviética ha emigrado de la Isla más de medio millón de personas. Es difícil realizar un cálculo exacto, porque las estadísticas fluctúan y son muchos los países destinatarios, pero el promedio anual podría rondar los 30.000 emigrados/exiliados. Las fugas de escritores, artistas o atletas notorios sólo son la parte más prominente y noticiable del fenómeno. Pero, por los privilegios relativos de que disfrutan, su huida es también la más sintomática. En el caso de las jugadoras cubanas que se asilaron recientemente, el simbolismo es doble. No sólo son deportistas de élite, cuidadosamente seleccionadas en función de su rendimiento en el terreno de juego y sus credenciales políticas, sino que además son mujeres jóvenes. Por desgracia para ellas, el deporte profesional femenino no depara ingresos comparables al masculino. Con la excepción del tenis y el golf —dos especialidades que en Cuba casi no se practican— las mujeres deportistas ganan muchísimo menos que los hombres. De ahí que en este caso no quepa atribuir la fuga a motivaciones exclusivamente económicas, como suelen sugerir algunos comentaristas aviesos, que cuando se asila un pelotero o un boxeador lo primero que mencionan es el contrato de siete cifras que les ofrece un promotor o una liga profesional (como si fuera delito percibir un salario sustancioso gracias a su talento). En el caso de estas jóvenes sospecho que hay una motivación más compleja, una urgencia vital que arraiga no sólo en la necesidad de escoger libremente su destino y forjarse un porvenir decoroso con su trabajo, sino también en la perspectiva de formar una familia, tener hijos y desarrollar una carrera que, modesta o gloriosa, sea la que cada una de ellas decida. En Cuba, esas opciones se angostan día a día, por la injerencia del gobierno y el fracaso del modelo socioeconómico que ha impuesto el partido único. Por eso es un país cada vez más pobre, más envejecido y más desesperanzador. Por eso los jóvenes se marchan, con su talento y sus sueños, a cualquier otro sitio más hospitalario.

EL TESTAMENTO DE MENOYO.

Con motivo de la muerte de Eloy Gutiérrez Menoyo en La Habana, a finales de octubre pasado, la prensa española publicó su testamento político. Menoyo —como le llamaban los cubanos— fue una figura pública lo suficientemente conocida como para ahorrar al lector otro repaso a su currículum vitae. Por lo tanto, me limitaré a examinar las ideas centrales de este documento póstumo.

Pero antes de hacerlo quizá deba advertir que conocí a su autor en la cárcel, en la década de 1970. En múltiples ocasiones conversamos sobre esos y otros temas. Aunque coincidíamos en el rechazo al régimen castrista, discrepábamos en casi todo lo demás. Creo que Menoyo me veía entonces como un intelectual en ciernes, miembro de una nueva generación que estimaba muy poco los valores de la «verdadera revolución» que, según él, había sido traicionada en 1959. Por mi parte, yo lo consideraba un hombre de acción, de ideas un tanto limitadas y anacrónicas. Parecía un guerrero más dispuesto a morir con honra que a pensar con orden.

Si se hace caso omiso de algunas digresiones líricas sobre el telurismo y la predestinación que desentonan con el grueso del enunciado, el testamento es un acta hasta cierto punto involuntaria de un triple fracaso: del antiyanquismo en la oposición, de la socialdemocracia finisecular y del revolucionarismo como instrumento de transformación histórica.

En lo tocante al antiyanquismo, es de dominio público que Menoyo mantuvo una postura de rechazo sistemático de la política exterior estadounidense. Básicamente a eso alude la frase «mi posición independentista y [...] mi llamado a marcar distancia de cualquier proyecto vinculado a otros gobiernos». Este nacionalismo de vía estrecha tiene mucho que ver con los prejuicios que arraigaron en España tras la catástrofe de 1898.

Para la izquierda española (y también para buena parte de la derecha), la independencia de Cuba fue producto de una conspiración urdida en Washington, con el fin de despojar a España de las últimas joyas de su imperio colonial. Una conjura de unos pocos criollos ambiciosos, financiada por banqueros de Wall Street y salchicheros de Chicago, y jaleada por la prensa amarilla. Luego el imperialismo yanqui establecería en Cuba una República tutelada para saquear sus recursos naturales e impedir la creación de una auténtica conciencia nacional.

Grosso modo, este fue el ideario reduccionista que Menoyo asimiló durante su infancia y adolescencia, y que luego le serviría de prisma para interpretar la función de Estados Unidos en Cuba en la primera mitad del siglo XX. El problema de su posición «antiimperialista» fue que, además de basarse en una lectura errónea de la realidad histórica, durante los 30 años que siguieron a 1959 la Guerra Fría dejó poco margen a los matices y las filigranas ideológicas. Cuando el aliado soviético desapareció, Menoyo creyó que el gobierno de Castro tendría que pactar con Occidente y que él llegaría a la mesa de negociaciones de la mano de la Internacional Socialdemócrata.

Pero esta ideología, con la que Menoyo sentía gran afinidad desde su juventud y a la que fue fiel hasta la muerte («ni tamizo ni renuncio a mi vínculo con la socialdemocracia», afirma en el documento), ha ejercido en Cuba poca influencia y ha servido sobre todo para amparar en Europa al régimen castrista, en particular, desde finales del decenio de 1980. Entre otras razones, porque la caída del Muro de Berlín en 1989 y la posterior desaparición del bloque soviético no sólo hicieron naufragar al marxismo leninismo, sino que también socavaron algunos pilares fundamentales de la socialdemocracia. El ogro filantrópico —estatizante, despilfarrador, demagógico y tercermundista— entró en una crisis terminal. La Gran Recesión de este siglo, que comenzó en 2007 y dura todavía, lo está apuntillando. Cuando se examinan los documentos de Cambio Cubano, el movimiento político que Menoyo encabezó, y se lee detenidamente su testamento, salta a la vista que ni él ni sus colaboradores lograron interpretar correctamente el significado de estos fenómenos.

Por último, el fracaso de la revolución de 1959 figura explícitamente en los párrafos del texto póstumo. Menoyo declara: «asumo la responsabilidad de este tropiezo a la vez que me reafirmo en las ideas que en su inicio suscitaron la admiración de amplios sectores cubanos e internacionales». Sostenella y no enmendalla. Transcurrido más de medio siglo de aquellos sucesos, la teoría de la «revolución traicionada» parece cada vez más endeble. La realidad suele ser muy terca y por lo general los datos empíricos pesan más que las buenas intenciones. A los políticos no se les juzga por lo que sueñan, desean o declaran sino por lo que logran hacer.

En este sentido, el fracaso de la revolución que algunos imaginaron en 1959 es inseparable del triunfo indiscutible de Fidel Castro. Si los revolucionarios liberales o socialdemócratas fueron descartados ese año, tras haber contribuido a deponer al gobierno de Fulgencio Batista y destruir el orden republicano, en cambio Castro y sus aliados comunistas consolidaron su poder y lo han detentado sin muchos sobresaltos hasta el día de hoy. Menoyo sabía mejor que nadie que para un revolucionario el hecho supremo de conquistar el poder absoluto y ejercerlo *sine die* empequeñece cualquier alegato sobre la libertad, los derechos, el bienestar económico o los logros sociales. El poder político no es un medio para alcanzar otros fines, sino un fin en sí mismo. Quizá por eso en las 1.546 palabras de su testamento, donde sólo menciona a cinco personas —su hermano Carlos, Félix Varela, Antonio Maceo y José Martí, que aparecen una sola vez y casi a hurtadillas, en un contexto de lirismo y predestinación— , Fidel Castro figura orgánicamente, con nombre y apellido. Cuatro veces.

CUBA: TURISMO E IDEOLOGÍA

El gobierno de Cuba publica regularmente estadísticas halagüeñas sobre el comportamiento del sector turístico de la Isla. Según las autoridades, el número de visitantes internacionales y los ingresos conexos crecen cada año. En medio de la catástrofe de la industria azucarera, los rendimientos aleatorios de la agricultura, los vaivenes del mercado del níquel y la precariedad del trueque de servicios por petróleo venezolano, el turismo parece ser, junto con las remesas de los exiliados, la única fuente estable de divisas con que cuenta el régimen cubano.

Así, en 2011 acudieron a la isla 2,7 millones de visitantes que aportaron unos 2.500 millones de dólares al erario público. Se espera que este año la cifra de viajeros se aproxime a los 3 millones, que gastarán alrededor de 3.000 millones de dólares en bienes y servicios.

Aun suponiendo que estos datos oficiales sean fidedignos, las cifras están lejos de cuantificar un éxito incontestable. Para situarlas en el contexto internacional, cabe señalar que la Torre Eiffel recibe 7 millones de visitantes al año y a Disneyland París van 15 millones.

España, que tiene cuatro veces y media la población de Cuba, acoge 20 veces más turistas (unos 60 millones) cada año. La República Dominicana, con una población equivalente (10 millones) y la mitad de la superficie de Cuba, recibe anualmente a 4 millones de visitantes y México, a 23 millones. ¿Por qué el sector turístico cubano obtiene resultados relativamente modestos? Después de todo, la combinación de clima, playa, cultura, sexo y paisaje que la isla ofrece al viajero es igual o superior a la de otros países de la región.

Uno de los factores que explican la lentitud del desarrollo turístico en la isla es la confrontación política con Estados Unidos, su mercado natural.

En 1957, Cuba recibió 350,000 turistas, el 85% de ellos estadounidenses. Después del triunfo del castrismo en 1959, la ruptura con Washington y el embargo subsecuente, el turismo norteamericano se interrumpió. En 1972 Cuba sólo acogió a unos 2,600 viajeros internacionales. De hecho, la isla tardaría 33 años en recuperar el volumen de visitantes de 1957.

Al embargo estadounidense hay que añadir la ideología que, con altibajos, ha sustentado al régimen cubano durante medio siglo. Las autoridades castristas siempre han mirado con repugnancia ese invento de la alta burguesía inglesa del siglo XIX, consistente en ir a pasear a países más cálidos con bermudas de cuadros y una cámara de fotos colgada al cuello. Para construir el comunismo es indispensable controlar los movimientos de la población, la circulación de las ideas y la información. Y esa tarea resulta muy difícil cuando hay millones de extranjeros vagabundeando por el país. En consecuencia, mientras duraron los subsidios soviéticos, el gobierno cubano desdeñó el turismo internacional. En esos años el sector no fue una fuente de ingresos para Cuba sino un capítulo de gastos. El Instituto de Amistad con los Pueblos invitaba constantemente a simpatizantes y posibles tontos útiles que, tras pasar una semana en la isla visitando granjas porcinas y bebiendo mojitos, regresaban a sus países a pregonar a los cuatro vientos las maravillas del paraíso proletario del Caribe. Hasta 1991, esta especie de «peregrinos políticos» —para emplear la expresión de Paul Hollander— desempeñó una función muy importante en la promoción internacional del castrismo.

Ahora, el régimen de Raúl Castro parece haber descartado finalmente los escrúpulos ideológicos con respecto al turismo internacional, del mismo modo que se ha resignado a recibir las remesas y visitas de los exiliados. Los jerarcas cubanos han hecho de tripas corazón, calculando que la ventaja económica compensará el menoscabo ideológico. El próximo paso será abrir de par en par las puertas al mercado estadounidense, si Obama quiere y el Congreso no se interpone.

LA TRATA DE CUBANOS

El envío de mano de obra especializada para realizar trabajos remunerados en el extranjero es hoy una de las principales fuentes de ingreso e influencia política del gobierno de Cuba. La Habana alquila profesionales, desde cirujanos hasta espías y soldadores navales, a docenas de países, sobre todo en África y América Latina. Es difícil determinar la cuantía exacta de este negocio. Las estadísticas que las autoridades cubanas proporcionan no son fiables y el asunto está envuelto en la opacidad que suele caracterizar a los regímenes del socialismo real.

La emigración de personal cualificado no plantearía problemas jurídicos y morales si se tratara de personas que, motu proprio, hubiesen decidido trasladarse al extranjero por razones familiares o en busca de nuevos horizontes profesionales. Pero en este caso se trata de una política sistemática de exportación y explotación de seres humanos, a los que primero se les proporciona formación académica (supuestamente gratuita), luego se les prohíbe viajar porque han realizado estudios superiores (salvo autorización previa y en condiciones especiales) y por último se les ofrece un puesto remunerado en otro país (adonde casi nunca podrán acompañarles sus familiares).

La clave del sistema está en el beneficio económico que percibe el régimen de La Habana. A estos profesionales se les asigna un salario nominal en dólares, acordado entre las autoridades cubanas y el país anfitrión. El gobierno de Cuba cobra la totalidad del importe y les entrega a los trabajadores y sus familias una fracción, que la mayoría de las veces no llega ni a la quinta parte del total. La plusvalía restante pasa a las arcas del Estado, sin que se aclare muy bien por qué concepto cobra esta gabela.

Esta política vulnera los derechos de los profesionales y sus familias al violar varios pactos y tratados internacionales que Cuba ha suscrito en el marco de las Naciones Unidas. En particular, conculca los principios que proclaman los artículos 13 y 23 de la Declaración Universal de Derechos Humanos de 1948 (sobre el derecho a entrar y salir libremente del país y a percibir igual salario por trabajo igual), los acuerdos sobre el tráfico de personas, el Convenio contra la esclavitud de 1926, que condena la servidumbre de la gleba (obligación de prestar determinados servicios, sin libertad para cambiar de condición), y diversos pactos auspiciados por la Organización Internacional del Trabajo (OIT) sobre la protección del salario y la prohibición del trabajo forzoso como método de movilización y utilización de la mano de obra con fines de fomento económico.

Estas prácticas son consecuencia directa del ordenamiento jurídico de la Isla, donde la violación de los derechos individuales no es circunstancial, sino que está enquistada en las propias leyes. Según la Constitución cubana, sólo los derechos colectivos son legítimos y tienen absoluta prioridad. El Estado, dueño de vidas y haciendas, es el único derechohabiente posible. Y resulta que el Estado está en manos de la dirigencia del partido único, que detenta el poder y monopoliza la riqueza a su antojo.

Quienes logran escapar de este sistema de explotación neoesclavista, que tan pingües beneficios les reporta a los jerarcas de La Habana, rara vez acuden a los tribunales internacionales a reclamar sus derechos y exigir que el gobierno cubano les devuelva el dinero indebidamente confiscado. El miedo, la familia que quedó en la Isla, la dificultad de emprender una nueva vida en el exilio, el alto costo de los trámites judiciales: todo conspira para mantener en funcionamiento la maquinaria de exportación y aprovechamiento de profesionales cubanos.

Sin embargo, cualquier demanda judicial de los perjudicados por esa política podría lograr el respaldo de diversas agrupaciones del exilio y tendría muchas probabilidades de prosperar ante la OIT y otras instancias. Sería un primer gesto para iniciar la recuperación de la soberanía personal de 11 millones de súbditos, hasta ahora ninguneada con el pretexto de la soberanía nacional. Y sin duda marcaría el principio del fin de la trata de cubanos.

EL AÑO DE LOS MAMEYES

2013 promete. Empieza con la moribundia de Hugo Chávez, interpretada en clave disonante por el canciller y heredero en funciones Nicolás Maduro, la prensa cubana y el coro de plañideras y plañideros (de miembros y miembras, diría una ex ministra española, adicta a la jerga de la corrección política) del gobierno de Caracas.

¿Se acuerdan de Venecuba o Cubazuela? Para los legos: fue un proyecto nonato de federación transcaribeña, como esas entelequias de fusión que Gadafi protagonizó junto a otras satrapías árabes y que duraron lo que un merengue a las puertas del desierto. Venezuela ponía el petróleo, Cuba los médicos y la policía, y todos tan contentos.

El montaje funcionó, si no *de jure*, al menos sí *de facto*, mientras duró el auge de la economía mundial y los precios del crudo siguieron subiendo. Los últimos años de recesión y mercados revueltos han puesto de relieve la escasa viabilidad de la utopía. Amén de que el caudillismo bicéfalo es una contradicción en los términos, un oxímoron, un híbrido imposible. Hace buen rato que no se habla de la entelequia, ni en Cuba ni en Venezuela.

Ahora que nadie apuesta ya por la resurrección de Chávez, comienza una etapa de grave incertidumbre para los jerarcas del castrismo. Es falso que la casta militar-financiera de La Habana lo tenga todo atado y bien atado. Ni supieron prever lo que se les venía encima después de 1989 (a pesar de que la URSS no desapareció hasta dos años después) ni podrán preverlo ahora. Si no lo tienen bien atado en la Isla, donde la moringa del Viejo y la bilis del Hermanísimo todavía les ponen la carne de gallina, mucho menos lo tendrán en Venezuela, donde la olla de grillos puede alborotarse en cualquier momento y el control ejercido a larga distancia parece mucho menos eficaz.

Este año se abre además con peores perspectivas económicas en Cuba y en otros lugares del mundo que le resultan esenciales al régimen cubano. El turismo afloja, el níquel no va bien, la agricultura no se recupera y, aunque el Estado consiga algún ingreso adicional gracias a los tributos que tendrán que pagar desde ahora las cartománticas, los domadores de perros y los peladores de frutas, no hay solución a la vista para el problema de la deuda, que es una de las mayores del mundo en términos per cápita.

Las historiadas reformas que el Gobierno ha venido aplicando a cuentagotas no consiguen reanimar a la anémica economía nacional. La falta de resultados no sorprende a casi nadie. La ineficacia radical del socialismo no se cura con dosis homeopáticas de mercado. Como dicen los rusos, el comunismo es la manera más larga y dolorosa de pasar del capitalismo al capitalismo. Los cubanos lo están comprobando estos años en su propio pellejo. Saben que al final, el régimen no tendrá más remedio que adelgazar el Estado, suprimir controles y dejar que la economía crezca por el esfuerzo y la ambición de la gente, eso que los académicos denominan la sociedad civil. Pero como esas medidas van a acarrear efectos políticos nocivos para el partido único y el comandante único, los miembros de la gerontocracia tratan de aplazarlas lo más posible.

Al mismo tiempo, la demografía sigue cayendo en picado. Los jóvenes se marchan, los viejos viven cada vez más tiempo y los costos de sanidad y bienestar social aumentan irremisiblemente. Es cierto que una parte cada vez mayor de esos gastos la sufragan ahora los exiliados y la seguridad social estadounidense. Pero ese margen es inelástico, como dicen los economistas.

En general, 2013 no trae consigo otra perspectiva que no sea el lentísimo hundimiento de una absurda y anacrónica manera de regimentar la sociedad y la economía que ya desapareció o está en vías de hacerlo en el resto del mundo, con la excepción de Corea del Norte, país hermano que, curiosamente, no recibe mucha cancha en la prensa y la propaganda cubanas.

Cincuenta y cuatro años de castrismo, socialismo, comunismo, marxifascismo, poscomunismo, sultanismo o como quieran llamarle a ese tsunami de crueldad, estupidez e ineficiencia que ha barrido el país en cámara lenta durante tres generaciones. Ese sistema absurdo y paralítico que los sochantres del castrismo todavía llaman, sin ironía, «la revolución», y que no es un proceso sino un quiste. Pero, por primera vez en más de medio siglo, la nación comienza a dar señales de vida. Es cierto que apenas son débiles pulsaciones. Pero empieza a respirar, aunque todavía sigue aplastada por el fósil descomunal del Estado, que quedó en pie tras la meteórica extinción de 1989.

Como recuerda el verso de Machado, «no está el mañana —ni el ayer— escrito». 2013 puede ser el año de los mameyes. Feliz Año Nuevo.

METÁFORAS LUMÍNICAS

Hugo Chávez «tiene una sonrisa y una mirada llena de luz, con una iluminación especial en sus pensamientos» proclamó el presidente en funciones Nicolás Maduro en Caracas, al regreso de una de las peregrinaciones que realizó a La Habana a finales de enero.

Desde que en 1920 Lenin promulgara la célebre fórmula «El comunismo es el poder soviético más la electrificación de todo el país», sus epígonos se han apuntado a las metáforas lumínicas. A principios del siglo XX, la preferencia iba hacia las imágenes eléctricas, porque la teleología bolchevique estaba asociada entonces a la fe en la ciencia y el desarrollo tecnológico. En los últimos años, las figuras retóricas apuntan más a la luz solar, en consonancia con la moda ecológica y el evidente fracaso del modelo industrial socialista.

Esta tendencia a la imagen reverberante se agudiza cuando los líderes, máximos o mínimos, sufren enfermedades, accidentes u otros contratiempos que ponen de manifiesto su condición humana, en contraste con la índole semidivina que la propaganda les atribuía. En lugar de una cortina de humo, los turiferarios alzan una barrera de luz. A la plebe, deslumbrada o sujeta al *alumbrón*, sólo que le queda cerrar los ojos y aplaudir rabiosamente. O, en el caso de Chávez, rezar, que para eso el «socialismo del siglo XXI» ha incorporado una buena dosis de beatería, validando de la manera más insólita la definición marxista del «opio del pueblo».

La metáfora incandescente es como un reflejo pavloviano que se activa ante la infección, el cáncer o el tropiezo. Si el perrito de Pavlov salivaba cada vez que le encendían la bombilla, aunque no tuviera delante el plato de piltrafa, los escribas y apologistas del socialismo segregan tópicos fulgurantes en cuanto la sombra del dolor o la muerte acecha a sus amos.

En 2004 Fidel Castro tropezó y se rompió la rótula al terminar un discurso en la ciudad de Santa Clara. Con motivo del percance, el Poeta Nacional Pablo Armando Fernández le dedicó un poema titulado *Cantar por fe (para Fidel)* que el diario Granma (palabra que en inglés se emplea coloquialmente para designar a la abuela) recogió en primera plana en la edición del 10 de noviembre de 2004. Entre sus hallazgos estéticos más rutilantes, los versos proclaman «Suele la Luz exigir/ de quienes ella ha tocado/ con el don de difundir/ su lumbre atención, cuidado/ de átomos que representan/ su divinidad/.../ Al caer no hubo tropiezo,/ni resbalón, fue advertencia./ No te es dable descender/ contigo todo es ascenso...»

Según los versos de Fernández, el que tiene el don de difundir la lumbre es, no faltaba más, el Comandante Único. En represalia, el poeta repentista Michel Ventas, habanero de pro y amigo mío por más señas, le dedicó estas décimas:

«Pablo Armando, la espinela/ que publicó la Abuelita/ es sólo prosa marchita./ Para honrar la choquezuela/ del César que periclita/ te sacaste del tras(t)ero/ un quintal de naftalina pero se te ve el plumero/ con tanta elogio insincero / con tanta alabanza fina».

«Querías darle en la vena/ del gusto al viejo tirano/ pero se te fue la mano/ y tu abyección te condena./ Ahora dan vergüenza ajena/ esos ripios que compones/ inclinando la testuz/ pues le ronca los cojones que con tantos apagones/ digas que Castro da luz».

Ventas me contó en nuestra última conversación telefónica que próximamente verá la luz (sic) una oda satíricofilosófica que ha escrito en honor de Hugo Chávez, en la que Maduro y el decrépito ex presidente cubano desempeñan papeles estelares. Le prometí que, en cuanto reciba tan ilustre poema, lo haré publicar *urbi et orbi*.

LA ODA A CHÁVEZ DE MICHEL VENTAS

Como anuncié en el artículo anterior, mi amigo el poeta Michel Ventas pre-
paraba en La Habana un poema en honor de Hugo Chávez. Pero mientras
lo escribía, el presidente venezolano falleció. Así que Ventas modificó su
oda (que no sé por qué la llama «prepóstuma») y me la remitió tan pronto
como pudo. Cumplo aquí la promesa de publicarla.

THE MONKEY IS DEAD (ODA PREPÓSTUMA)[1]

El Macaco está fiambre,/ Moringa llora a sus pies/ y La China está llo-
rando / donde no la pueden ver./ También lloran los soldados,/ los chivas del Comité,/ las ancianas federadas, los obispos y el bedel/ de la
escuela secundaria/ donde antaño yo estudié.
En la cola del mercado/ todos quisieran saber/ qué puede ocurrir ahora/
que el *papirrico* se fue,/ si ya no habrá Venecuba,/ petróleo ni kerosén,/
si se acabará el transporte,/ si el apagón va a volver/ (sin haberse ido del
todo)/ entre las siete y las diez,/ si al cantar el manisero/ el golpista-co-
ronel,/ sólo quedará tilapia/ y ñame para comer.
Los babalawos letrados,/ los poetas de pastel,/ los jerarcas del Partido,/
las jineteras de a pie,/ los gusañeros que medran/ ocultos en el Sou-
thwest,/ los pontífices aéreos/ de mojito y canapé/ y hasta los espías
bizcos/ que dicen hablar inglés/ y destilan su veneno/ en trincheras de
papel/ (todos los que ayer cantaban/ que siempre era veintiséis)/ repiten
hoy compungidos/ (quien te ha visto y quien te ve):/ —¡Se murió el Macaco Rojo!/ —¡Nos jodimos otra vez!

---

[1]   Plagio en dialecto cubano del poema *«The Prince is Dead»* de la escritora estadounidense
Helen Hunt Jackson (1830-1885).

PARTURIUNT MONTES...

El ruido mediático provocado por la reforma migratoria que el gobierno cubano promulgó recientemente subraya sobre todo el carácter anómalo de las leyes que pesan sobre la población de la isla. Desde 1959 y por más de medio siglo, el régimen castrista se ha arrogado el derecho a decidir quién puede salir de Cuba y regresar a ella. Y lo que es aún peor, esas decisiones se basan en un conjunto aleatorio de reglas no escritas, circulares confidenciales y criterios policíacos perfectamente opacos para el ciudadano de a pie.

Nadie alcanza a saber por qué motivos se le deniega el permiso de salida, ni por cuánto tiempo, ni si será posible modificar esa negativa. No hay instancia judicial a la que recurrir ni prensa independiente que pueda criticar esos métodos. Esta es la situación que ahora pretende remediar parcialmente el gobierno de Raúl Castro, al suprimir el permiso de salida y otros trámites caros y engorrosos.

Sin duda, la nueva normativa facilitará la emigración legal de un sector de la población, aunque seguirá prohibiendo o dificultando la de muchísima gente —médicos, militares, profesores universitarios, funcionarios del gobierno entre otros— y de cualquiera que las autoridades consideren no apto para ejercer ese «privilegio».

Esta manera de legislar divide a los cubanos en dos categorías: los súbditos alfa, que han cursado estudios superiores y/o desempeñan funciones políticas o administrativas de cierta importancia, y los súbditos lambda, que carecen de formación universitaria, no ocupan cargos de notoriedad y constituyen la mayoría de la población.

El gobierno, por razones obvias, no tiene interés alguno en que los súbditos alfa abandonen el país. Son la *intelligentsia*, forman la columna vertebral administrativa del régimen y podrían ser más dañinos en el extranjero. Militaron en el castrismo y ya no creen o al menos, dudan. Cuando se exilian pasan años tratando de revalidar títulos o escribir memorias.

Por el contrario, la salida de los súbditos lambda sólo presenta ventajas, sobre todo si, como la mayoría de los emigrados, terminan por instalarse en Estados Unidos. Son gente que a los tres días estará trabajando en una *factoría* de Hialeah o New Jersey, a los dos meses empezará a enviar remesas a los familiares/rehenes que quedaron en la Isla y al año regresará de visita, con cinco maletas de pacotilla y el bolsillo rebosante de dólares. Y como la autorización de entrar y salir seguirá dependiendo del gobierno cubano, estos siervos de la gleba posmodernos nunca criticarán al régimen ni le crearán dificultades.

En medio de una grave crisis demográfica, el gobierno castrista parece dispuesto a deshacerse de una parte importante de la población activa, siempre que logre controlarla a distancia y explotar su potencial económico. Esta fórmula malthusiana tiene cierta base histórica. En 1953 Cuba tenía la mitad de los habitantes con que cuenta ahora y era un país mucho más próspero y ameno. A quien lo dude, le sugiero que lea la descripción de la vida en la Isla que figura en las páginas de La Historia me absolverá, un panfleto ampuloso supuestamente escrito en esas fechas por un tal Fidel Castro.

En última instancia, la motivación fundamental de la reforma migratoria y otras medidas inminentes es el temor al ejemplo de la «primavera árabe». La sociedad cubana guarda hoy más afinidad con Túnez o Egipto que con las modalidades de socialismo real que en 1989 había en Europa Oriental.

El gobierno cubano sabe que, en el contexto actual, unas cuantas protestas multitudinarias bastarían para obligarlo a devolver no unas migajas de derechos a una parte de la gente, sino todos los derechos a toda la población. Y sabe también que los protagonistas de un movimiento así no suelen ser los miembros de la clase alfa. Son los lambdas, los súbditos de a pie que hoy son escépticos o indiferentes y sólo piensan en emigrar, pero que mañana podrían echarse a la calle, movidos por la exasperación y la falta de oportunidades.

EL CUBA STUDY GROUP Y EL EMBARGO

En un manifiesto dirigido recientemente al presidente de Estados Unidos, el Cuba Study Group (CSG) pide la derogación de la Ley Helms-Burton e insta a Barack Obama a que, mientras no logre ese objetivo en el Congreso, emita órdenes ejecutivas para atenuar los efectos del embargo.

Es difícil comentar a fondo un texto prolijo —16 cuartillas— en el marco de una columna periodística. Por eso estas líneas se limitarán a las ideas medulares que lo sustentan, a riesgo de operar una reducción injusta.

Dejando a un lado el horroroso *espanglish* de la versión castellana, que a veces resulta ininteligible y obliga a acudir al texto en inglés para comprender el significado de ciertas frases, (v.gr. «Diecisiete años después de su promulgación, la Ley Helms-Burton, cual continuó la codificación del el marco (sic) de las sanciones que se identifican generalmente como el embargo...» [párrafo 7]), el documento justifica la petición en dos premisas harto discutibles.

Primero: El embargo estadounidense es causa fundamental del inmovilismo del gobierno cubano en el ámbito de la política interior.

Segundo: La supresión del embargo fomentará el desarrollo de la sociedad civil y acarreará inevitablemente cambios políticos en la Isla.

Con respecto al primer enunciado, es interesante examinar qué hizo el régimen cubano antes de que existiera el embargo, en los años de 1959 a 1961. Y, sobre todo, cómo procedió a partir de 2000, cuando en la práctica el embargo perdió buena parte de su eficacia, ya que desde esa fecha Cuba no sólo podía comerciar con el resto del mundo sino también efectuar un volumen considerable de compras en Estados Unidos.

En ambos periodos, las autoridades cubanas manipularon con cierta flexibilidad los aspectos económicos del asunto, pero fueron muy rígidas en cuanto a su dimensión política. Por ejemplo, tras las grandes confiscaciones de los primeros años, el gobierno dejó un amplio sector del comercio minorista en manos privadas, al menos hasta la Ofensiva Revolucionaria de finales del decenio. La promulgación del embargo en 1962 no tuvo mayor repercusión sobre esta política de tolerancia. En cambio, en 1968 Castro decidió sacrificar la eficiencia de este sector privado a la necesidad de control interno, en una medida que poco tuvo que ver con la política comercial de Washington.

Desde 1991, el gobierno de Cuba ha vuelto a experimentar con el juego de tira-y-afloja en el ámbito económico, pero en última instancia siempre ha estado dispuesto a sacrificarlo todo a beneficio de la eficacia política. En ausencia de prensa y sindicatos libres, sin partidos de oposición y con agrupaciones religiosas dóciles, las autoridades pueden someter a la población a las condiciones de vida que estimen convenientes en aras de la supervivencia del sistema. Los hombres mueren, pero el Partido es inmortal.

La segunda premisa, que vincula la supresión del embargo al desarrollo de la sociedad civil y los cambios políticos en la isla, está puesta en solfa por el mismo documento, que en el último párrafo de la página 8 advierte: «Si bien es difícil probar una relación causal directa entre las reformas económicas y una sociedad abierta, la historia moderna nos ha enseñado que es cada vez más difícil para los gobiernos dictatoriales mantener el control político cuando sus pueblos disfrutan de mayor prosperidad». Unas líneas antes, el texto había sugerido que la política estadounidense hacia Birmania (Myanmar) «podría ofrecer un modelo viable que los Estados Unidos podría seguir en su enfoque a la política (sic) hacia Cuba».

Esa «relación causal directa» entre el desarrollo de la sociedad civil y la evolución hacia la democracia se manifestó en España hacia 1975 pero ha estado ausente en China desde hace veinte años. Dejando piadosamente a un lado el caso de Birmania/Myanmar, cabe preguntarse si la situación actual de Cuba se asemeja a la de España en 1975 o a la de China en 1990. ¿O quizá a ninguna de las dos?

La lectura de un documento como este manifiesto presidencial del CSG deja siempre una lamentable impresión de parcialidad. Sería mucho más creíble si viniera acompañado de otro texto paralelo, dirigido al general Raúl Castro, en el que se pidiera al gobernante cubano medidas de apertura que podrían (o no) influir en la política estadounidense hacia la isla. Esas medidas ni siquiera tendrían por qué estar sujetas a las decisiones de Washington, porque son prerrogativas soberanas del Estado cubano y atañen mucho más a la relación entre gobierno y ciudadanía que al pugilato bilateral. Por ejemplo:

- Promulgar una amnistía para los presos por delitos de opinión y suspender el acoso y los actos de repudio contra los disidentes.
- Cesar las exacciones en forma de gabelas y tasas de cambio leoninas y decretar el fin de la dualidad monetaria.
- Garantizar el derecho a la libre expresión de las ideas y a la libertad religiosa, tal como proclama la Declaración Universal de Derechos Humanos, de la que Cuba es Estado signatario.

No sé si los preclaros miembros del CSG creen realmente que la vulneración de derechos que estas medidas remediarían está condicionada por la existencia del embargo comercial estadounidense. Sin duda es difícil demostrar una relación de causa/efecto. Tan difícil como probar que la supresión del embargo entrañaría necesariamente la aprobación, por parte de la dictadura cubana, de esas mínimas disposiciones liberalizadoras.

El embargo, como he señalado otras veces, es un tema opinable. Nadie dispone de una bola de cristal lo suficientemente diáfana como para vaticinar qué ocurriría si se suprimiera o se mantuviese. Afirmar que no ha funcionado hasta hoy es como declarar que toda la política de Estados Unidos con respecto al bloque soviético fue inoperante hasta el 8 de noviembre de 1989. O atribuirles únicamente a las medidas conciliatorias y los encuentros deportivos todo el crédito de lo que ocurrió a partir del día siguiente, cuando los alemanes derribaron el Muro y el mundo cambió en pocas horas.

Yo opino que, mientras el gobierno de los hermanos Castro no se comprometa a respetar todos los derechos de todos los cubanos y no aplique las medidas indispensables para llevar ese compromiso a vías de hecho, el embargo sigue siendo una herramienta de presión útil y necesaria. Útil porque le priva de recursos y porque señala claramente que Estados Unidos no aceptará una mascarada de «transición» a la rusa, en la que la policía política, los generales-empresarios y algunos comerciantes inescrupulosos de Miami se las apañarían para maquillar la continuidad del castrismo por otros medios. Necesaria porque es el único instrumento de que dispone Washington para influir sobre la evolución futura de ese gobierno, habida cuenta de la inflexibilidad que los Castro han mostrado en lo tocante a la índole unipartidista y dictatorial del sultanato cubano.

Mientras no exista garantía alguna de que el gobierno de Raúl Castro responderá a las medidas conciliatorias de Washington con reformas sustanciales que empiecen a devolverles a los cubanos los derechos conculcados, las autoridades de la isla transformarán cualquier gesto de apaciguamiento en victoria política y cualquier ventaja comercial en fuente adicional de financiación. Dos elementos que consolidarían aún más la capacidad de supervivencia del régimen castrista en su forma actual o en su muy probable versión maquillada «a la rusa», que ya parece estar en vías de gestación.

FIDEL Y ROSAFÉ

UN CUENTO CUBANO DE AMOR, PATRIOTISMO, RACIONAMIENTO Y MUERTE

Una columna reciente de Infobae sobre las locas iniciativas de Fidel Castro me trajo a la memoria la historia de Rosafé Signet y su triste destino en la Isla de Cuba, a principios de los años setenta. Es un cuento de amor, patriotismo, racionamiento y muerte, en la mejor tradición del realismo socialista. Helo aquí.

Yo no presencié la escena, pero puedo imaginarla sin gran dificultad. Fue amor a primera vista. El invicto comandante y el prodigioso semental. El primero vio una foto o quizá una película en la que el segundo desplegaba su sin par musculatura, la curva delicada de su cornamenta y su altiva mirada, casi de minotauro hiperbóreo. Tenía la fiereza de un miura, el empaque de un *charolais* y la reciedumbre de uno de esos ejemplares que los ancestros celtíberos del comandante habían inmortalizado en la piedra dura de Guisando. Había ganado numerosos concursos de belleza bovina. El comandante, que también era un macho enérgico y prolífico, decidió que aquel toro sería el padre de sus terneros. Se llamaba Rosafé Signet, era canadiense y en 1967 costaba un millón de dólares. Ninguno de esos atributos fue óbice para que se ejecutara la voluntad del seducido guerrero. A las pocas semanas del flechazo, Rosafé estaba instalado en las afueras de La Habana, en un establo climatizado rodeado de tres hectáreas de pastos, con música indirecta, alimentación especial y una pequeña tropa de soldados, vaqueros y veterinarios encargados de velar por su salud y bienestar. Algunas noches, durante el suave invierno caribeño, la escolta lo dejaba trotar y pastar libremente por la dehesa, para que estirara los músculos y se refrescara el fatigado vergajo.

126

La cabaña ganadera de la isla había experimentado una reducción vertiginosa en los pocos años que el comandante llevaba en el poder y se esperaba que el nuevo «toro de Fidel» obrase un milagro reproductivo. Gracias a la inseminación artificial y el espléndido patrimonio genético del animal, se iba a crear una primera generación de reses —denominadas F-1, en honor al autor intelectual de la iniciativa— que combinarían el rendimiento lechero de las vacas de raza jersey con la capacidad de producción de carne de Rosafé. Más tarde, el cruce de ejemplares de la primera generación mejoraría aún más las características la progenie, que se llamaría F-2 y así sucesivamente. A la vuelta de una década, Cuba iba a producir más leche que Holanda, más quesos que Francia y más carne que Argentina. Y ese prodigio sería el resultado del genio agropecuario del comandante y el semen poderoso de su mascota favorita.

Pero la escasez de alimentos, que ya era notoria ese año, se agudizó en los meses siguientes debido a otro proyecto epónimo que el comandante decidió emprender: en 1970 la Isla iba a producir 10 millones de toneladas de azúcar, cifra que batiría todas las marcas mundiales en la materia. Para lograr ese objetivo, la mayoría de los recursos humanos y materiales del país se consagraron a la tarea desde principios de 1969. La consiguiente carencia de casi todo fomentó el mercado negro y «el tiro de carne», actividad que consistía en sacrificar clandestinamente, con nocturnidad y alevosía, a todo cuadrúpedo que pastara en los alrededores de la ciudad. Los matarifes improvisados descuartizaban el animal a toda prisa y se llevaban los trozos más fáciles de vender, dejando el resto del cadáver en la escena del delito.

Monguito y Collín se dedicaban por entonces a esta lucrativa tarea. Durante un año los tres habíamos coincidido en el presidio político de menores, aunque mis amigos eran más bien lo que entonces llamábamos «policomunes», es decir, gente cuya actividad oscilaba entre la transgresión política y el delito común. Era una zona jurídica muy amplia y borrosa, en la que se movían numerosos jóvenes que el régimen consideraba a la vez delincuentes y «desafectos», y a los que castigaba con gran severidad. Para evitar el contagio ideológico, las autoridades preferían encerrarlos junto con los presos políticos. Monguito, Collín y yo habíamos salido de la cárcel en 1972. Dos años después, volvimos a encontrarnos en los calabozos del Castillo del Morro. Éste es el relato abreviado que me hizo Collín de la hazaña que los devolvió al «*embere mayor*»:

«Acere, estábamos en el tiro de carne y una noche salimos por cerca de La Coronela y vimos una vaca grandísima. Monguito le echó el lazo por el hocico y yo le di dos puñaladas en el lomo.

Como era tan grande, *na má* pudimos llevarnos un pernil. Le sacamos un montón de filetes y los vendimos en el barrio. A los quince días, llegó el G-2 (policía política) y nos llevaron pa' Villa Marista. Allí nos acusaron de haber asesinado al toro de Fidel y nos dijeron que nos iban a fusilar».

Gracias a la infinita benevolencia del Comandante, Monguito y Collín no terminaron sus días en el paredón de fusilamiento. Tan sólo los condenaron a 25 años de prisión, de los cuales deben de haber cumplido muchísimos.

Yo no sé si la historia que me contó Collín es verdadera o falsa. Sólo sé que a principios de los años setenta Rosafé Signet, el semental de un millón de dólares que Fidel hizo traer de Canadá, desapareció misteriosamente y nunca nadie más volvió a hablar de él. Me encanta pensar que al menos una parte del noble animal terminó en los platos de los vecinos de Pogolotti, Cocosolo y otros barrios aledaños, donde Monguito y Collín tenían su clientela.

LA MOMIA DE HUGO CHÁVEZ

Nadie puede acusar al difunto Hugo Chávez ni a sus seguidores de haber ejercido la moderación y el buen gusto en los 14 años que duró la dictablanda boliburguesa del caudillo de Barinas, oficialmente denominada «socialismo del siglo XXI». Por eso la decisión de momificarlo y exhibirlo para la eternidad, tomada por sus herederos, resulta coherente con la trayectoria histriónica de una figura que soñaba con ser histórica.

Por el momento, esta última dimensión todavía no está garantizada. Pero, en un plano más prosaico que el de la posteridad, sus secuaces albergan la esperanza de que el fiambre actúe como un talismán que mantenga vivo el recuerdo del héroe epónimo en las nuevas generaciones de venezolanas y venezolanos (como dicen ahora los progres), prójimos y prójimas (como decía Quevedo) que aportarán disciplinadamente su voto a los epígonos del difunto. Aunque ese efecto tampoco está asegurado, habida cuenta del estado general del país y la manera en que el equipo presidencial gestionó el óbito y el papeleo conexo.

La inflación, la deuda y el déficit presupuestario, el deterioro de la industria petrolera, el desabastecimiento, el nepotismo, la corrupción y la inseguridad ciudadana se han agravado en los tres últimos lustros. Tras abusar del poder y despilfarrar los colosales ingresos del petróleo para comprar alianzas y lealtades dentro y fuera de Venezuela, Chávez deja a sus sucesores una nación más frágil y dividida, quizá más fácil de dominar a corto plazo, pero minada por conflictos que, de mantenerse la línea política actual, no tardarán en agravarse y poner en peligro el proyecto socialista.

El secretismo, las verdades a medias y las mentiras enteras con que ocultaron la evolución de la dolencia del mandatario, su internamiento en un hospital de La Habana y el regreso clandestino a Caracas, las célebres fotos en las que aparecía sonrosado y sonriente, apenas unos días antes de fallecer, el silencio absoluto que Chávez guardó a partir del 11 de diciembre, los decretos que supuestamente firmó y los nombramientos que al parecer otorgó, las acusaciones de que el enemigo imperialista le había inoculado el cáncer: todo ese cúmulo de despropósitos apunta a una incapacidad palmaria de la jerarquía chavista para ponerse de acuerdo y afrontar la crisis con un mínimo de ecuanimidad y eficacia. Esa inepcia es incluso más notable porque se manifiesta a pesar de la presión en pro de la unidad que ejercen los hermanos Castro, principales interesados en que el poder se transmita sin sobresaltos para que el petróleo y los subsidios venezolanos sigan llegando a Cuba.

La decisión de embalsamar el cadáver y exhibirlo como reliquia supera las cotas mundiales de *kitsch* alcanzadas previamente por Muammar el-Gadafi, Sadam Husein y la prole de Kim Il Sung. Pero aun atrincherados tras la momia, los albaceas del chavismo comprobarán muy pronto que la transmisión póstuma del carisma es un asunto muy complejo en cualquier país que no sea Corea del Norte. El presidente interino, Nicolás Maduro, parece convencido de que Chávez, como el Cid legendario, seguirá ganando batallas después de muerto. Quizá porque no ha leído a Thomas Paine, que ya en 1791 advertía: «la vanidad y presunción de gobernar más allá de la tumba es la más ridícula e insolente de las tiranías».

UN SUEÑO CHINO

El general Raúl Castro, presidente de la República de Cuba por sucesión dinástica, refrendada en los últimos comicios indirectos y unipartidistas allí celebrados, tuvo hace algunos años un sueño o una visión de futuro. En su ensoñación, Cuba volvía a ser un país próspero, con un dinamismo económico basado en iniciativas privadas, abundantes inversiones extranjeras, créditos del Banco Mundial y el Fondo Monetario Internacional, millones de turistas estadounidenses que cada año visitaban la Isla y un caudaloso comercio exterior fomentado desde Miami.

Todo eso, en el sueño, estaba debidamente coordinado y vigilado por el Partido Comunista de Cuba (PCC), única agrupación política autorizada por la ley, en cuya cúpula los miembros más jóvenes de la familia Castro ocupaban cargos fundamentales. El Parlamento se reunía ocho días al año, en vez de los cuatro de ahora, y aprobaba en votaciones unánimemente unánimes todas las leyes necesarias para el funcionamiento armonioso de la nación y la emigración. El diario Granma, órgano oficial del PCC, tiraba 5 millones de ejemplares diarios y en las iglesias del país se cantaba un *Te Deum* solemne el 13 de agosto, para conmemorar el natalicio de su difunto hermano.

En resumen, un sueño chino. Pero la terca realidad está empujando a Cuba por otros derroteros. Hay por lo menos once millones de razones para que el modelo chino anhelado por el general/presidente y algunos de sus colaboradores no resulte viable en la Isla. Entre las más obvias, cabe mencionar la historia, la geografía, la economía, la demografía y el folclor.

La solución de recambio parece ser el modelo postsoviético o putinesco. Sus elementos son bien conocidos: un partido hegemónico que ejerce el control indirecto de la economía, agrupaciones opositoras toleradas aunque poco menos que simbólicas, parlamento plural pero obsecuente, tribunales serviles, prensa «crítica» financiada por el propio Estado, iglesias dóciles y sindicatos amaestrados.

Esta fórmula podría prosperar sin grandes dificultades en el Caribe. De hecho, el difunto Hugo Chávez demostró que sí se puede, que es posible monopolizar el poder con un partido prácticamente único, tribunales sumisos y un parlamento dócil, siempre que el ejército quede bien trincado entre las dos pinzas del alicate: la milicia presidencial y la policía política. A condición, por supuesto, de que estén a mano los dineros indispensables para engrasar la maquinaria. En ese régimen se celebran elecciones de previsible resultado, se tuercen las leyes sin quebrar la Constitución y se aprueba en el Parlamento cuanto el Ejecutivo considere necesario. El montaje ostenta toda la escenografía del Estado de derecho y no presenta ninguno de sus inconvenientes. La prensa, la oposición, las iglesias y los sindicatos conocen los límites de la crítica y, por lo general, se cuidan de las transgresiones.

En Cuba ese proyecto contaría además con la colaboración de un sector de la emigración dispuesto a ampliar sus negocios con la Isla en nombre de la reconciliación familiar y el perdón de los pecados. Las reformas necesarias para que ese modelo funcione ya están en marcha y los cabilderos de La Habana sostienen que su aplicación legitima al Gobierno y vacía de contenido lo poco que queda del embargo estadounidense. Además, si Estados Unidos ha convivido 14 años con un régimen similar en Venezuela, ¿por qué no va a tolerarlo sin mucha irritación en Cuba?

Aunque se ajusten a las circunstancias del momento, esa sociedad y ese Estado que el castrismo, disfrazado de neochavismo, va urdiendo lentamente en Cuba, están lejos de ser inevitables. Uno de los peores errores que pueden cometerse en política es dejarle al adversario la certidumbre de una complicidad con la Historia.

OBAMA Y LAS CALENDAS HABANERAS

Imaginen la escena: a punto de terminar su segundo mandato, en marzo de 1987, el presidente de los Estados Unidos de América, Ronald Reagan, llega al aeropuerto de Santiago de Chile para visitar oficialmente ese país hermano y entrevistarse con el general Augusto Pinochet.

El Sr. Reagan sabe que el régimen chileno mantiene a centenares de ciudadanos encarcelados por motivos políticos (¡14 años después del asalto al poder!), que censura la prensa, reprime a la oposición y no permite que los partidos políticos actúen públicamente ni voten en elecciones libres. Sabe también que miles de chilenos han abandonado el país en busca de libertad y, de paso, con ánimo de mejorar su situación económica.

Al bajar del avión, el mandatario estadounidense se acerca a los periodistas reunidos en la terminal aérea y declara: «Sé que todavía hay muchos aspectos de esta realidad en los que el general Pinochet y yo estamos en desacuerdo. Pero confío en que, con el desarrollo de los lazos comerciales y culturales entre los dos países, mejorará la situación de los derechos humanos en Chile y el régimen evolucionará hacia la libertad y la democracia».

Imaginen ahora cuál habría sido la reacción de la prensa internacional y las cancillerías de todo el planeta, si esa visita se hubiera producido.

Pues bien, eso es lo que, *mutatis mutandis*, está haciendo el presidente Barack Obama durante su visita de estos días a La Habana. Con la gran diferencia de que su viaje, en vez de acarrearle la crítica y la condena del mundo entero, se realiza en medio del elogio casi universal y la beata admiración de la prensa «progresista».

Lo peor del asunto no es que el Sr. Obama legitime con su presencia a un régimen que ha asesinado a miles de personas, mantiene en sus cárceles a centenares de presos políticos (sí, ¡57 años después del asalto al poder!), prohíbe los partidos políticos y reprime a los opositores, monopoliza los medios de comunicación, genera millares de balseros y tiene enquistadas en la Constitución y el Código Penal múltiples violaciones de derechos humanos, que de esa manera puede perpetrar «legalmente».

Lo peor es que el presidente de los Estados Unidos de América ha renunciado públicamente a los instrumentos que le hubieran permitido presionar al régimen cubano en favor de una transformación de sentido liberal y democrático, y se apunta a la evolución paulatina de la economía y la cultura de la Isla como fuentes de «empoderamiento» de la sociedad civil. O sea, que tras impugnar el medio siglo de inmovilismo que, según él, ha prevalecido en Washington con respecto a Cuba, el Sr. Obama inaugura una nueva estrategia basada... en el largo plazo. Solo que, como solía señalar John Maynard Keynes, «*in the long run, we are all dead*» – a largo plazo, todos calvos.

El desarrollo económico y la prosperidad son quizá condiciones necesarias para el surgimiento de una democracia liberal, pero no son suficientes. La experiencia de algunos países asiáticos demuestra que una sociedad dinámica y próspera bien puede medrar bajo un gobierno postotalitario. El monopolio del poder político, la carencia de derechos y el control policial que asfixian a la población en China no han sido incompatibles con el rápido crecimiento de la economía y la consiguiente elevación del nivel de vida.

Habida cuenta de la endeblez de la sociedad civil cubana, el ínfimo nivel de vida que padece y la poca disposición de la jerarquía castrista a cambiar un sistema que, pese a sus muchos fracasos, ha sido sumamente eficaz en la tarea de conservar el poder y aplastar a la oposición, la estrategia del Sr. Obama y sus asesores les ofrece a los cubanos 20 años más de castrismo descafeinado y remite la democratización de la Isla a las calendas habaneras. Que como todo el mundo sabe, son aún más inexistentes que las griegas.

UNA FERIA DE HABANIDADES

La política hace extraños compañeros de podio. El lunes 21 de marzo, en La Habana, el presidente de la primera democracia del mundo compartió escenario con el dictadorzuelo del último bastión marxista leninista del Caribe. Un tirano octogenario consagrado por sucesión dinástica gracias al dedazo de su hermanísimo, que tras detentar el poder durante casi medio siglo tuvo la clarividencia de ungir a su más fiel servidor, con el encargo gatopardiano de cambiarlo todo para que todo siga igual. Un sujeto que, de haber perdido el poder en algún momento de ese medio siglo, sin duda habría terminado en el banquillo de la Corte Penal Internacional, obligado a responder de los crímenes de guerra y los delitos de lesa humanidad que ha cometido desde 1953.

Hay líneas rojas morales cuya transgresión ni siquiera la *realpolitik* debería justificar. Y la rueda de prensa que protagonizó el presidente Obama en compañía de su homólogo cubano, constituyó una de esas transgresiones: fue un espectáculo humillante para los estadounidenses que auparon con su voto al bisoño senador demócrata y para los cubanos, que padecen desde hace muchísimo tiempo ese régimen caduco, represivo e ineficiente, ese viejo Gobierno, con más difuntos que flores, pese a lo que cantan sus sochantres.

En medio de ese espectáculo, en el que Raúl Castro demostró que todavía es capaz de leer unas cuartillas sin equivocarse demasiado, se deslizó una pregunta inesperada sobre el presidio político. Estupor de los ponentes y silencio sobrecogido de la sala ante la insolencia del periodista, que para más *inri* confesó ser de origen cubano. ¿Cómo se atreve nadie a mencionar la soga en casa del ahorcado? ¿Desde cuándo un jefe máximo tiene que contestar preguntas que no están previstas en el programa?

¿Dónde están Randy, Arleen y los demás paladines de la Mesa Redonda que no acuden a ocupar el terreno y a preguntar por las vacunas milagrosas, la campaña de alfabetización o las medallas olímpicas?

La reacción de prepotencia y cólera mal contenida del dictador cubano fue antológica. Primero fingió no saber que en la Isla hubiera personas encarceladas por tratar de ejercer sus derechos políticos (si fuera cierto que no lo sabe, sería mal asunto que un gobernante ignorase algo tan elemental sobre su propio país). Luego, con gesto avinagrado, se contradijo al proponer que le dijeran los nombres de los reos, para liberarlos en el acto. Al final, sintiéndose ya más satisfecho con su despliegue de agilidad mental, repitió la oferta de clemencia hacia los inexistentes prisioneros y volvió a exigir nombres, como si el hecho de que el periodista no llevase la lista en el bolsillo demostrara que él, Raúl Castro, había logrado desenmascarar la insolente patraña. Y remató la faena con la sorprendente afirmación de que ningún país respeta todos los derechos humanos y que en Cuba se aplican los suficientes, en educación y atención médica por ejemplo, lo que implica que nadie debería preocuparse por asuntos menores, como la ausencia de libertad de expresión, los presos políticos o las elecciones de partido único. Cabe señalar que otra pregunta sobre la represión de las Damas de Blanco y de varios manifestantes pacíficos que las apoyaban, ocurrida un día antes de que Obama llegara a la capital, fue soslayada palmariamente por ambos mandatarios.

Las preguntas sacaron a colación un tema esencial para la comprensión de lo que ocurre estos días en Cuba, pero lo hicieron de un modo deficiente. El gobierno cubano puede liberar hoy a todos los presos políticos y volver a llenar las cárceles pasado mañana. Fidel Castro solía hacerlo con cierta frecuencia. Les regalaba a sus ilustres visitantes —Jimmy Carter, el capitán Cousteau, el Papa Juan Pablo II, el presidente Mitterand—, el grupo de presos por los que habían intercedido. Unos días más tarde la policía política efectuaba una redada de disidentes y adquiría un nuevo lote de rehenes, en previsión de la próxima visita.

La pregunta adecuada sería, pues, ¿por qué se niegan las autoridades castristas a reformar la Constitución y el Código Penal de inspiración soviética, donde están codificadas las violaciones de los derechos humanos, de manera que las medidas represivas se aplican con total «legalidad»? Esas violaciones enquistadas en sus propias leyes contradicen los pactos que el Estado cubano ha suscrito con la comunidad internacional. Los derechos fundamentales a la vida, la libertad y la propiedad, consagrados en la Declaración Universal de Derechos Humanos y los Pactos Internacionales de 1966 (derechos civiles, políticos, económicos, sociales y culturales) son prerrogativas vinculantes y no una lista de supermercado, en la que los gobiernos pueden elegir cuáles les conviene aplicar y cuáles no.

Puestos a indagar sobre la madre del cordero, alguien podría haber preguntado cuándo celebrará el Gobierno cubano las elecciones libres y equitativas que estipula el artículo 21 de la Declaración Universal de Derechos Humanos, con pluralidad de partidos y candidatos, para que los ciudadanos de la Isla y del exilio puedan elegir realmente entre varias opciones políticas y fijar nuevos rumbos para ese desdichado país.

Pero nada de eso se planteó en la rueda de prensa y solo se esbozó en modo parabólico, con vagas alusiones y conceptos demasiado amplios, en el discurso que Obama pronunció al día siguiente en el teatro que el gran Miguel Tacón y Rosique hiciera edificar extramuros en 1838. Un discurso sin duda constreñido por el protocolo, en el que algunos temas estaban excluidos a priori y en el que Obama reiteró que su nueva política hacia Cuba se basaba en la constatación de que la anterior había fracasado. Borrón y cuenta nueva. A construir una Cuba próspera y democrática, bajo la mirada benévola del Estado socialista y el beneplácito del mundo.

Pero muchos analistas sospechan que, tras una presidencia mediocre, con notables vacilaciones en política exterior —Corea del Norte, Ucrania, Irán, Siria, Libia— Obama trabaja sobre todo motivado por la urgencia de asentar su legado histórico en América Latina. A estas alturas de la historia, llegar a ser el Adelantado de la reconciliación con Cuba y el Padrino de la paz en Colombia parece tarea más grata y sencilla que tratar de neutralizar las ambiciones de Putin, El Assad y Kim Jong Un.

El único gesto inequívoco de apoyo a las libertades y los derechos de los cubanos que Obama realizó durante su visita fue el de recibir públicamente a un grupo de opositores, en el que figuraban representantes de diversas tendencias políticas. Esa reunión, que ni el papa Francisco, ni el presidente Hollande se atrevieron a sostener, le honra y les transmite a los demócratas cubanos un mensaje de aliento y un amparo concreto ante la política represiva del régimen.

En ausencia de las preguntas indispensables y sus correspondientes respuestas, la visita de Obama a La Habana será recordada por un discurso ambiguo, una reunión con disidentes, las fotos con la efigie del Che Guevara como telón de fondo, un juego de béisbol y, sobre todo, un lamentable *pas de deux* mediático entre un presidente legítimo en el umbral de la jubilación y un dictador decrépito aferrado a la poltrona. Parafraseando la paráfrasis bíblica de Guillermo Cabrera Infante: habrá sido una feria de habanidades.

SIN TRIFULCAS EN EL JARDÍN

El VII Congreso del Partido Comunista de Cuba ha sido un remanso palabresco, un *locus amoenus* donde los burócratas castristas aposentaron por unos días la inquietud y tremolaron conceptos arcaicos como abanicos de esperanzada seda china, que contrastaban con la severa estética nacional-revolucionaria de la escenografía —de un Baliño grisáceo a un Fidel transfigurado—. No obstante, en este jardín de la redundancia se despejaron incógnitas, se diluyeron ilusiones y se definió nítidamente el rumbo futuro de la Isla, por lo menos hasta 2030.

En la coyuntura actual, marcada por la crisis terminal del chavismo en Venezuela, la reanudación de relaciones diplomáticas con Estados Unidos y la decrepitud de la cúpula gobernante, este cónclave aporta claridad suficiente sobre la estrategia que el régimen aplicará durante el paso al poscastrismo. La aclaración es pertinente porque el PCC tenía ante sí al menos tres cursos de acción posibles, a los que, en aras de la brevedad, llamaremos «la estrategia del búnker», «la transición democrática» y «la vía gatopardiana».

La estrategia del búnker

El primer rumbo, el del búnker, venía avalado por 57 años de éxito en la tarea esencial del régimen: la preservación a ultranza del monopolio del poder político. En ese periodo fracasaron la industrialización, la diversificación agropecuaria, los planes de desarrollo, la estrategia guerrillera en América Latina, las campañas pro soviéticas en África y las batallas contra los mosquitos transmisores de enfermedades tropicales. Pero el aparato de control resistió como una pirámide de acero, sólidamente asentado sobre los restos de la nación menguante.

Sin embargo, la prolongación de la estrategia del búnker planteaba un problema dual. Por un lado, los jefes habían envejecido y no conservaban la misma legitimidad ni el mismo grado de contacto con la realidad exterior; por el otro, las fuentes de financiación estaban desapareciendo. El castrismo había inventado el socialismo dependiente —primero de la Unión Soviética, luego de Venezuela— pero el previsible colapso del gobierno de Nicolás Maduro y los reveses sucesivos del populismo en América del Sur abocaban la economía cubana a un segundo Periodo Especial, cuando apenas iba saliendo del primero. En esas condiciones, era muy arriesgado proclamar abiertamente el atrincheramiento como método de supervivencia. Las consecuencias del control político absoluto, la economía supeditada al Estado en un 99% y la sociedad estabulada eran harto conocidas: atraso, empobrecimiento, éxodo masivo y mantenimiento del régimen de excepción, en el que los derechos y las libertades seguirían confiscados. En esas condiciones, era muy difícil hallar dinero fresco en el extranjero y alimentar algunas ilusiones de cambio en el interior del país.

La transición democrática

La segunda vía parecía aún más arriesgada. Consistía en reconocer, con 27 años de retraso, el fracaso del comunismo, tomar la iniciativa y asumir la transición con todas sus previsibles consecuencias: amnistiar a los presos políticos, reformar la Constitución, desamordazar a la prensa, liberar las fuerzas sociales y propiciar la evolución hacia una economía de mercado, adelgazar el ineficaz aparato estatal y, al final del trayecto, lograr la reconciliación nacional mediante el reconocimiento de los derechos cívicos y la celebración de elecciones libres y plurales. Por este camino, los problemas de financiación y crecimiento económico podrían solucionarse más rápidamente, pero el PCC corría el riesgo cierto de perder el poder a medio plazo, aunque hubiera abanderado el proceso. A cambio de lo cual, hubiese podido asegurar la impunidad de los jerarcas y el patrimonio de sus hijos y nietos, mediante una negociación con las demás fuerzas políticas y la garantía de los gobiernos que la hubieran apadrinado. Y no solo eso: el partido podría renovarse, recuperar cierto grado de legitimidad y seguir participando en la vida pública, como ha ocurrido en algunos países europeos.

La vía gatopardiana

La tercera opción, la vía gatopardiana, era la de cambiarlo todo (o cambiar lo suficiente) para que todo siga igual, como recomendaba el príncipe de

Salina en la obra de Lampedusa. Es, a todas luces, la que acaba de adoptar oficialmente la cúpula raulista. Esta hoja de ruta se basa en el cálculo de que el gobierno y el PCC pueden introducir dosis limitadas de economía de mercado y reformas políticas menores para aprovecharse de los beneficios que va a generar la nueva relación con Estados Unidos y, a la vez, gestionar los cambios con holgura suficiente como para neutralizar sus posibles repercusiones sociales e ideológicas.

En la agenda de esas transformaciones tuteladas figura sin duda una batería de medidas, que van desde eliminar la dualidad monetaria hasta autorizar que los emigrados inviertan en la isla, y desde permitir la libre actuación de atletas y músicos en el exterior hasta cambiar el régimen semiesclavista de contratación del personal que trabaja para empresas extranjeras en Cuba. Otras reformas posibles abarcarían la ampliación del acceso a Internet, el aligeramiento de la política migratoria (supresión de algunas tasas e incluso eliminación de los visados de entrada para ciudadanos cubanos), la flexibilización de las prohibiciones relativas al cambio de domicilio, la autorización del trabajo particular en algunas profesiones liberales (médicos, maestros, etc.) y otras disposiciones de menor calado.

Todos estos cambios, aplicados con cuentagotas, serían compatibles con la supervivencia del sistema. En nada afectarían a los pilares fundamentales del régimen, que mediante la simbiosis partido único-Gobierno-Estado domina más del 90% de la economía, cuenta con la obediencia inquebrantable de las fuerzas armadas y la policía política, y monopoliza la educación, la cultura y los medios de comunicación del país. El aparato resultante de esas reformas sería un sultanato neomarxista, que toleraría a un sector más amplio de economía de mercado, a cambio de legitimar la ayuda exterior y seguir alimentando la ilusión aperturista.

¿Qué perspectivas de éxito tiene esta estrategia GATOPARDIANA?

«Los hombres mueren, el Partido es inmortal», repitieron estos días en La Habana los corifeos del castrismo. La primera parte de la vetusta consigna parece un redoble fúnebre dedicado a los octogenarios del Comité Central, la segunda es un embuste desmentido por la historia reciente. Diversas modalidades de comunismo han fallecido en los últimos decenios, algunas incluso antes de que murieran sus fundadores. A efectos prácticos, el PC desapareció en países democráticos como Francia e Italia, barrido por la onda expansiva que produjo la caída del Muro de Berlín. Se evaporó también en Europa del Este, en la Unión Soviética, en el Cuerno de África y, si se apura el concepto, hasta en China y Vietnam, donde en el cascarón vacío del partido se alojan hoy comerciantes multimillonarios, mandarines aburguesados, generales de opereta y *apparatchiks* de toda la vida.

En Cuba seguramente ocurrirá lo mismo. La cuestión es precisar los plazos del óbito. Porque si la sociedad cubana no reacciona ahora ante la hoja de ruta promulgada por Raúl Castro en este Congreso, si el miedo y la indiferencia siguen prevaleciendo en las calles y los hogares, los jerarcas del régimen conservarán todo el poder, podrán gestionar cómodamente el patrimonio acumulado en beneficio de sus hijos y nietos, y el cambio real quedará postergado para dentro de dos o tres generaciones. Quizá para 2030, nuevo horizonte del documento final del VII Congreso del PCC, aprobado —que nadie lo dude— por unánime unanimidad.

EL ASILO GERIÁTRICO DEL CARIBE

En las últimas semanas, algunos medios de prensa han vuelto a prestar atención a la insólita evolución poblacional de Cuba. Un país —afirman— que presenta características demográficas de nación desarrollada junto con una economía tercermundista. En esa línea, el diario Granma, órgano oficial del Partido Comunista de Cuba (PCC), recogía recientemente una actualización de las cifras del último censo (2012), realizada a finales de 2015 por el Centro de Estudios de Población y Desarrollo de la Oficina Nacional de Estadísticas e Información.

Como casi siempre ocurre en el régimen, las estadísticas contienen ciertos ajustes y un poco de maquillaje, con el fin de que los números no se alejen demasiado de la realidad ideal que pretenden reflejar. Por sólo citar el ejemplo más flagrante, en el documento se afirma que el balance migratorio de 2015 fue de menos 25.000. O sea, que de la Isla sólo se marcharon 25.000 personas más de las que llegaron allí en calidad de residentes.

Resulta difícil conciliar esa cifra con los datos migratorios de Estados Unidos, Ecuador, Panamá, México, España y otros países a los que regularmente llegan emigrantes/exiliados cubanos. No he visto estadísticas exactas al respecto, pero los números consultados apuntan a que las dimensiones del éxodo de ese año fueron al menos el doble de las que reconocen las autoridades de La Habana.

La coartada de la mentira estadística es el cambio de denominación de los prófugos, resultado de la última reforma migratoria cubana. Antes de 2013, a quienes abandonaban la Isla sin intención de regresar se les apuntaba en la casilla de «permiso de salida indefinido», si el Gobierno les autorizaba a viajar, o de «salida ilegal», si se marchaban por su cuenta y riesgo. Ahora esas personas son simplemente «residentes en el exterior» que, en teoría, pueden regresar al país en los dos años siguientes sin perder su condición de súbditos del régimen. De manera que no cuentan como emigrantes ni se deducen del cómputo total de población.

Como la realidad va por un lado y el análisis demográfico por otro, las previsiones negativas parecen cumplirse cada vez más pronto. Hace un decenio se calculaba que hacia 2050 habría dos trabajadores activos por cada jubilado. Hoy se cree que esa proporción puede alcanzarse en 2035. Si el censo de 2012 indicaba que el 18,3% de la población de Cuba tenía entonces 60 años o más —2.041.392 habitantes— y superaba en más de un punto porcentual a la de 0-14 años, en la actualidad casi el 20% de los cubanos superan los 60 años de edad, lo cual comprende a unos 2.200.000 personas, en tanto que la población de 0 a 14 años apenas representa el 16 % del total de habitantes. Un cambio tan brusco (tres puntos y medio porcentuales en apenas tres años) indica que algo funciona muy mal, tanto en el sistema estadístico como en el conjunto de la sociedad.

Hasta hace poco, la interpretación oficial de los datos demográficos era a la vez primaria y triunfalista, como casi todo lo que emanaba del Gobierno. El descenso de la natalidad y el envejecimiento de la población eran pruebas irrefutables del desarrollo y la modernización aportados por el comunismo. En ese ámbito, Cuba estaba al mismo nivel que los países más avanzados de Europa, etc. etc. Si crecía el número de ancianos era porque aumentaba la esperanza de vida, gracias a los adelantos de la medicina socialista. Y si disminuía el número de niños era porque, gracias al castrismo, las mujeres eran dueñas de su sexualidad y se habían liberado de la esclavitud doméstica. En esa argumentación se soslayaban u ocultaban aspectos tan básicos como las causas y consecuencias de la migración, la incidencia del divorcio, el aborto y el suicidio, el deterioro de las condiciones económicas y la ausencia de medidas que favorecieran la natalidad.

El problema de los exégetas es que la ideología suele resistir bastante mal a los embates de la realidad. Por mucho que traten de manipular las estadísticas o de edulcorar su interpretación, es evidente que Cuba se está convirtiendo en un gran asilo geriátrico y muy pronto el número de jubilados superará al de personas económicamente activas.

Una de las primeras imágenes que saltan a la vista en las ciudades cubanas es el crecido número de ancianos que malviven en la miseria y la mendicidad. Caminan por las ciudades tratando de vender cualquier fruslería o de brindar algún servicio, a cambio de unas monedas. La prensa oficial no los llama mendigos o pordioseros, sino que los denomina eufemísticamente «deambulantes» y la policía los detiene y encierra en albergues durante

143

unos días cuando va a llegar a la Isla algún visitante de postín. Estas medidas constituyen «un protocolo de actuación para la admisión, diagnóstico, atención y reinserción social de las personas con conducta deambulante», según el pomposo comentario que publicó recientemente el periódico Juventud Rebelde. En este enfoque, el desamparo y la mendicidad se transforman en «un estilo de vida», generalmente causado por los conflictos familiares, el alcoholismo o la demencia senil, sin que la política gubernamental tenga la más mínima responsabilidad en el origen del fenómeno.

Sin planes de pensión privados, sin propiedades, sin negocios, sin posibilidad de trabajar más y en muchos casos abandonados por los hijos que se marcharon del país, el destino de miles de viejos cubanos es vivir de la mísera jubilación que les proporciona el Estado —10 dólares mensuales en 2016—, de la caridad de la Iglesia católica o de los parientes afincados en el extranjero. Y su número crece de manera inexorable, con el consiguiente aumento de los costes de asistencia social, pensiones y atención médica.

En los próximos años esta situación va a empeorar, porque las tendencias demográficas son profundas y no cambian de la noche a la mañana. La población envejece y la emigración va en aumento, sobre todo entre los jóvenes, que ven escasas perspectivas de futuro en un régimen opresor e improductivo. No hay inmigración a la vista. Aunque algunos emigrados han vuelto, por diversas razones, son pocos —cubanos o no— quienes desean asentarse permanentemente en un país donde no hay libertad y la economía está en quiebra. Tampoco se han creado alicientes para que los jóvenes funden familias y procreen más.

La crisis demográfica de la Isla encierra un potencial de pobreza, sufrimiento y atraso social cuyos efectos apenas empiezan a manifestarse. Las causas reales del fenómeno no se examinan abiertamente, porque hacerlo entrañaría un debate sobre la naturaleza del régimen, la ausencia de libertades, la violación sistemática de derechos y la incapacidad productiva del comunismo. Y sin una discusión de esos asuntos fundamentales, difícilmente surgirán soluciones eficaces a medio o largo plazo.

La paradoja de la situación es que los ancianos son a la vez víctimas del sistema que los ha sumido en la miseria y sus más seguros defensores. Las sociedades envejecidas —tanto en Japón, como en Alemania o Uruguay— tienden a ser muy conservadoras y sienten aversión hacia los cambios bruscos. Los viejitos cubanos, que dependen en grado sumo de las limosnas del régimen, en forma de pensiones, subsidios y servicios médicos, funcionarán en el porvenir como pilares del mismo sistema que los transformó en seres pobres, medrosos y sin autonomía.

Tres generaciones de cubanos han vivido coreando consignas, marchando en la plaza, cortando la caña y montando la guardia del CDR. Mientras duraron los subsidios extranjeros —primero la URSS, luego Venezuela— el tinglado propagandístico funcionó medianamente y el régimen logró disfrazar las carencias de todo tipo con escuelas relucientes, hospitales historiados y medallas olímpicas. Pero cuando las dádivas se acabaron, la escenografía de cartón piedra se vino abajo. Hoy las escuelas se pudren en el campo, los hospitales están cochambrosos y carecen de los insumos más elementales y los atletas huyen al extranjero en busca de libertad y salarios que reflejen su valía.

La metamorfosis del «pueblo combatiente», que exaltaba la propaganda, en la masa mendicante que impone la realidad resume la intrahistoria de la mal llamada «revolución cubana». Ningún volumen de discursos, ninguna manipulación estadística, ninguna complicidad de admiradores extranjeros alcanzará a enmascarar ese fracaso. Y nada lo simboliza mejor que la cáfila de jerarcas octogenarios que en la clausura del último congreso del PCC prometían, entre vítores y aplausos de sus secuaces, que los próximos diez años traerán más de lo mismo.

LA SOPA DE PESCADO

Según los últimos partes relativos a sus constantes vitales, el castrismo goza de una mala salud de hierro. Su presidente y primer secretario del partido único cumplió estos días 85 años, y su creador y símbolo cumplirá 90 en agosto. Los acreedores internacionales que durante decenios habían reclamado las deudas contraídas por La Habana, se apresuran a borrar de sus archivos los créditos impagados y se disponen a prestarle dinero fresco. Gobernantes legítimos, estrellas de la farándula, diseñadores abanicados y aventureros de las finanzas acuden en tromba a la Isla, ávidos de visitar el parque jurásico del socialismo tropical o de posicionarse con miras al capitalismo que creen inminente. Y su enemigo histórico, el Coloso del Norte que, según la propaganda, había sido la causa del fracaso económico y la política represiva del régimen, se rindió con armas y bagajes a los pies de la fortaleza inútil asediada y está a punto de entregar al general victorioso las llaves del Fondo Monetario y el Banco Mundial.

Desde que los alemanes derribaron el Muro de Berlín, allá por 1989, se suceden las cábalas sobre el fin del comunismo cubano. Tras la desaparición de la URSS en 1991, la fórmula de la agonía del castrismo ha pasado poco a poco a ser un tópico irónico. Ortega y Gasset, (que era una sola persona a pesar de lo que creía una ministra cubana que aseguraba que eran dos, «como Marx y Engels»), se preguntaba cómo era posible llamar Reconquista a una cosa que duró 800 años. Pues algo así sucede con el régimen de la familia Castro: no es posible llamar agonía a una cosa que dura ya más de un cuarto de siglo. Y comprobada la parsimonia faraónica con que se transforma, ni siquiera resultan adecuados términos como «transición», «evolución» o «metamorfosis».

Los politólogos tendrían que inventar otra taxonomía para clasificar esta especie de neosultanatos que combinan el *rigor mortis* político, con la crisis económica permanente y la lenta podredumbre social. En la actualidad, solo dos regímenes acumulan títulos suficientes para figurar en esa categoría: Cuba y Corea del Norte que, como todo el mundo sabe, son del mismo pájaro antediluviano las dos alas.

Para explicar la supervivencia del castrismo, los expertos suelen enumerar factores como la condición insular del país, la naturaleza totalitaria del régimen y el contexto de Guerra Fría en el que surgió, rasgos que sin duda contribuyeron a su consolidación y durabilidad. Menos atención se presta, en cambio, a otros aspectos como las ideas y creencias que obraron en sus orígenes y que todavía lo apuntalan, aunque sea por defecto.

El más importante de esos factores ideológicos fue la creencia, que muchos cubanos albergaron durante más de 100 años, de que la Isla estaba predestinada a lograr un protagonismo mundial que no guardaba relación alguna con sus condiciones físicas y que ese destino grandioso solo podría alcanzarse mediante la violencia revolucionaria. La explicación del origen y la evolución de este mito compensatorio excedería con creces el marco de este artículo. Por ahora cabe apuntar que la fe en un destino nacional glorioso solo realizable mediante la revolución arraigó en una minoría ilustrada de la sociedad cubana a mediados del siglo XIX y, tras el fracaso de 1878 y la semivictoria de 1898 —sucesos en los que Estados Unidos desempeñó una importante función—, se transformó en el mito de la revolución inconclusa.

La fabulosa promesa de libertad y prosperidad que la revolución encarnaba había quedado trunca y en suspenso, debido a la mala suerte y la injerencia de un poder extranjero. El imperativo categórico de las nuevas generaciones era reiniciar el ciclo revolucionario que culminaría la magna empresa redentora, la catarsis verdadera que salvaría a la patria y traería la felicidad al sufrido pueblo cubano. Esta teleología nacional-revolucionaria, que en el siglo XX incorporó no pocos conceptos marxistas, fue el motor de la revolución de 1927-1933 contra el presidente Gerardo Machado y la de 1957-1959 contra el presidente Fulgencio Batista, y contribuyó en gran medida a desacreditar las instituciones republicanas y a legitimar la violencia como instrumento político.

Las luchas mafiosas en la universidad, el matonismo de los grupos sindicales y la injerencia violenta de los militares en la vida pública tuvieron la misma raíz ideológica. En un contexto así, un grupo radical podía asaltar un cuartel del ejército en pleno carnaval, causar varias decenas de muertes y terminar amnistiado —y glorificado— apenas dos años después. Hasta los peores crímenes podían tolerarse o aplaudirse, siempre que se cometieran en nombre de la revolución.

Al concluir ese periodo, ¿qué ocurrió realmente en 1959? La mayoría de la gente pensaba que había caído un gobierno y la revolución traería otro, capaz de restablecer los derechos constitucionales, sanear la administración y proseguir la senda del desarrollo. Los más sagaces comprendieron que junto con el Gobierno se hundía el Estado y que la nación ponía su futuro en manos de un nuevo caudillo, más peligroso que los anteriores. Pero prácticamente nadie intuyó entonces que terminaba un ciclo histórico, que se cumplía un designio colectivo que había dinamizado la vida pública desde mediados del siglo XIX.

El triunfo de Fidel Castro ese año suscitó la adhesión mayoritaria de la población porque era la ocasión, no solo de enmendar el rumbo de la República en algunos aspectos, castigar a los gobernantes venales o restaurar la Constitución de 1940, sino de proceder al ansiado «borrón y cuenta nueva» y concretar los profundos anhelos de identidad nacional y destino grandioso que venían germinando desde hacía más de un siglo. Nunca fue tan poderosa la ilusión milenarista de que era posible empezar de cero, abolir el pretérito y reinaugurar la Historia.

El cumplimiento de esta aspiración casi general y el fracaso posterior del régimen en todo lo que no fuera controlar el poder *sine die* y aplastar a la sociedad civil, agotaron la creencia en el destino nacional glorioso solo realizable mediante la revolución. Ese es el origen de lo que Julián Marías llama la crisis de la ilusión: «A medida que la pretensión colectiva de una sociedad se va cumpliendo y satisfaciendo, se va agotando; el horizonte se aproxima y en el mismo momento en que aparece como accesible, deja de ser horizonte y se convierte en el muro de una prisión. Esta es la forma de crisis en la que se repara muy pocas veces».

Esa fórmula describe apropiadamente lo que viene ocurriendo en Cuba los últimos años. Casi nadie cree que sea posible sacudirse el vetusto aparato totalitario y construir otro país, porque casi nadie alcanza a concebir un proyecto nacional capaz de ilusionar a un sector mayoritario de la población. El comunismo ha fracasado, en Cuba como en el resto del mundo, pero por ahora los cubanos no encuentran solución de recambio.

El escritor Václav Havel, primer presidente de Checoslovaquia tras la caída del imperio soviético, empleó la metáfora de la pecera para explicar esta situación. Cuando uno tiene una pecera y quiere convertirla en una sopa de pescado, la solución es sencilla: basta con aumentar la temperatura lo suficiente, durante el tiempo necesario. El problema empieza cuando, a partir de la sopa de pescado, se quiere volver a obtener un acuario.

La sociedad cubana se coció a una temperatura heroica durante más de un siglo. Ahora descubre con asombro que el país está abocado a un destino mediocre y que el sujeto histórico, la nación, se está desintegrando, entre la crisis demográfica y la sangría migratoria. ¿Y la revolución? Pues es lo más parecido a una sopa de pescado que uno pueda imaginar.

EL CASTROCHAVISMO TROPIEZA EN ESPAÑA

Tras año y medio de un ascenso que parecía imparable, el castrochavismo representado en España por el partido Podemos ha sufrido un importante revés electoral.

Los *podemitas* se presentaban a las elecciones generales del pasado domingo 26 de junio en alianza con Izquierda Unida (IU)—que algunos llaman jocosamente Izquierda Hundida— y con el viento de las encuestas muy a su favor. Durante meses apenas se hablaba de otra cosa en España que del *sorpasso*, o sea, del momento en que la coalición Unidos Podemos (Podemos más IU) superaría al Partido Socialista Obrero Español (PSOE) y se convertiría en la fuerza hegemónica de la izquierda. Más que un *sorpasso*, lo del domingo fue un sopapo que el electorado le propinó a Unidos Podemos.

La coalición castrochavista no logró ninguno de los objetivos que se había propuesto al constituir esa alianza entre viejos y nuevos comunistas. Esperaban ganar unos 90 escaños y superar al PSOE. Se han quedado con los 71 que tenían y aunque siguen siendo la tercera fuerza política del país, están 14 escaños por debajo de los socialistas y cuentan con 66 menos que los populares, vencedores indiscutibles de los comicios. Y en el camino han perdido más de un millón de votos, si se comparan las cifras del domingo con la suma de los resultados que Podemos e IU obtuvieron por separado en las elecciones generales de diciembre pasado.

Podemos es una coalición heterogénea de partidos menores, movimientos asamblearios y grupúsculos que congregan a marxistas-leninistas, maoístas, perroflautas, guevaristas, ecologistas, ácratas, okupas, sindicalistas, antitaurinos, tránsfugas de otras movidas y, sector muy importante, grupos separatistas que trabajan por la independencia de territorios como Euskadi o Cataluña.

Pero el carácter pintoresco de este conglomerado de activistas antisistema no debe llamar a engaño: Podemos y sus líderes —un equipo de sociólogos y profesores universitarios, nucleados originalmente en torno al movimiento Izquierda Anticapitalista, y admiradores de Lenin, Gramsci, Fidel Castro y Hugo Chávez— han sintonizado con una veta profunda de la sociedad española donde hierven el resentimiento, el dogmatismo y las expectativas frustradas por la crisis de los últimos años.

El movimiento tuvo su origen en las protestas de los «indignados», que el 15 de mayo de 2011 se desataron en varias ciudades españolas. La actividad más notoria de sus inicios fue la ocupación, durante varios meses, de la Puerta del Sol madrileña por miles de manifestantes, que reclamaban reformas para aliviar el paro, eliminar la austeridad, combatir la corrupción y hacer más representativo el sistema político.

Con estos temas por bandera y armados de lemas ramplones y promesas fabulosas de regeneración ética y distribución de riquezas entre los más necesitados, los caudillos de Podemos se dispusieron a «asaltar el cielo», es decir, a tomar el poder para instaurar la justicia económica y la igualdad social, al precio que fuera, y de paso ejercer el mando *sine die*, mediante la modificación del sistema electoral, el control de la prensa, la nacionalización de la banca, la salida del euro y de la OTAN y otras medidas del mismo tenor. Del «no nos representan» al añejo «el pueblo unido jamás será vencido», el movimiento pareció por momentos a punto de iniciar la revolución marxista según los preceptos del «Socialismo del Siglo XXI», es decir, mediante las urnas. El dinero que los regímenes de Irán y Venezuela habían invertido en el lanzamiento del proyecto, estaba a punto de dar un rédito que excedería a las más locas expectativas de sus padrinos. Millones de dólares que, por cierto, están bajo investigación policial, tanto en Madrid como en Caracas.

Este movimiento no es muy diferente de otras corrientes de extrema izquierda que han surgido durante la crisis en algunos países del sur de Europa —Syriza en Grecia, Cinco Estrellas en Italia, el Bloco de Esquerda en Portugal, etc. Pero el aspecto más ominoso en el caso español es su articulación con grupos separatistas catalanes, vascos, gallegos y valencianos. A cambio del apoyo electoral de los independentistas, Podemos ha prometido convocar referendos de autodeterminación en todas las regiones que lo reclamen, lo que podría fraccionar a España en cuatro o cinco Estados soberanos.

Hasta el domingo parecía que, a pesar de que en España se conoce bien lo que ha ocurrido en Cuba, Grecia y Venezuela, países devastados por el populismo de izquierda en sus diversas modalidades, una parte considerable de los votantes había decidido suicidarse y *suicidar* consigo al resto del país. Por suerte para todos, las encuestas erraron por amplio margen. El electorado español prefirió evitar la catástrofe política y económica que habría representado la entronización del castrochavismo en España y premió la labor del conservador Partido Popular (PP), que ganó 14 escaños más de los que había obtenido en diciembre pasado.

Si, con los resultados actuales, el PP consigue gobernar otros cuatro años y logra mantener las medidas económicas que están sacando al país de la crisis, lo más probable es que la constelación Unidos Podemos termine reducida a las dimensiones que suelen tener los partidos extremistas en las democracias consolidadas. Es decir, que obtenga alrededor del 10% de voto popular y deje de ser una amenaza para el régimen democrático que ha garantizado la libertad y la prosperidad de España en los últimos 38 años. Inch'Allah.

DIEZ AÑOS O LA MITAD DE NADA

Diez años son apenas un instante en la escala histórica, pero pueden representar un periodo muy largo en términos políticos. En los regímenes parlamentarios, por ejemplo, la mayoría de los mandatos presidenciales son de cuatro o cinco años, de modo que un decenio equivale a dos mandatos o incluso a dos mandatos y medio. Y lo normal es que en el curso de esos años, el gobierno rinda cuentas varias veces al parlamento acerca de la labor realizada.

La digresión viene a cuento por los comentarios publicados en los últimos días acerca del primer decenio de ejercicio de gobierno del general Raúl Castro y los resultados de su gestión.

A finales de julio de 2006, Fidel Castro, aquejado de una grave enfermedad, delegó todos sus poderes en su hermano menor y sus más cercanos colaboradores. De la larguísima lista de cargos y funciones que Castro I desempeñaba, Castro II heredó la jefatura del Consejo de Estado, el Consejo de Ministros y el mando interino del Partido Comunista, al tiempo que conservaba el control de las fuerzas armadas.

En un decenio de ejercicio del poder absoluto, tras haber sido el segundo hombre del régimen durante medio siglo, el balance de la gestión de Castro II puede resumirse en cinco puntos: a) Restablecimiento de relaciones diplomáticas con Estados Unidos; b) Implantación de reformas económicas de escasa entidad; c) Cambios menores en el dispositivo de control social (comunicaciones, salidas del país, etc.); d) Incremento de la represión contra los grupos opositores; y e) Aumento sustancial de la emigración.

De todas esas medidas, la reanudación de los vínculos oficiales con Estados Unidos es sin duda la de mayor alcance y más grave potencial para la Isla. La reconciliación con Estados Unidos, en los términos en que se produjo, constituyó sin duda una gran victoria diplomática para el castrismo. La confrontación permanente con Washington, mantenida por Castro I como principal seña de identidad del régimen, sirvió para granjearle la simpatía de millones de personas que, real o imaginariamente, se sentían agraviadas por la política estadounidense. Incluso en sectores conservadores y de extrema derecha de Europa se veía con agrado que Cuba fuera algo así como un clavo en la bota del Tío Sam. Obama y Castro II decidieron poner fin a la pugna en diciembre de 2014.

Al decretar que la estrategia de contención y aislamiento hacia Cuba había fracasado, restablecer incondicionalmente las relaciones con La Habana y abogar por el fin del embargo comercial, Obama otorgó la razón al régimen cubano en el contencioso y reconoció que el papel de David caribeño que Castro I había asumido ante el Goliat yanqui estaba plenamente justificado. Según el razonamiento de Obama, el cambio de la política estadounidense hacia Cuba induciría transformaciones económicas y políticas que podrían a la isla en el camino de la democracia y la prosperidad.

Pero la extrema lentitud y superficialidad de los cambios económicos permitidos en la isla, y el recrudecimiento de la represión contra los disidentes, ponen de manifiesto la endeblez de los argumentos del gobierno demócrata y el acierto de sus críticos. Obama renunció unilateralmente a casi todos los medios de presión sobre La Habana y a cambio sólo recibió vagas promesas de liberalización económica y lenidad política. Hasta ahora, sus medidas han contribuido a legitimar y reforzar al régimen de Castro II, sin mejorar las condiciones de vida la población. El rápido aumento de las salidas legales e ilegales y la llegada de más de 50.000 exiliados a territorio norteamericano el año pasado son pruebas fehacientes de la desconfianza que sienten los ciudadanos cubanos hacia el gobierno que los oprime. El incremento de la represión demuestra también que la política intolerante y discriminatoria del castrismo, lejos de ser una consecuencia accidental de la confrontación con Estados Unidos, es consustancial a su naturaleza totalitaria.

La victoria de diciembre de 2014 también se le está agriando a Raúl Castro, por las mismas razones. Pero, además, en su caso opera un factor ideológico que agrava la situación.

El problema capital que afronta el nuevo/viejo gobierno de La Habana es que el comunismo cubano está minado por un virus mucho más patógeno que la corrupción o la ineficiencia económica. Su fragilidad esencial procede de la íntima convicción que comparten hoy millones de hombres y mujeres —sobre todo los más jóvenes— de que están sometidos a un sistema anacrónico, a un Estado que es un quiste histórico, carente de proyecto de futuro e incapaz de suscitar ilusión o entusiasmo en la ciudadanía. Todo el mundo sabe en Cuba que el porvenir traerá consigo un grado mayor o menor de capitalismo, pero que en ningún caso sería viable una vuelta al integrismo estatista de las décadas de 1970 y 1980.

Si en esas condiciones de quiebra moral y económica el gobierno todavía consigue mantener el poder, es porque la tecnología moderna permite que una minoría bien armada, organizada y dueña de todos los medios de comunicación del país, mantenga sometida a la mayoría, que carece de instrumentos para expresar y articular sus opiniones. Esa situación podría cambiar si el descontento popular va en aumento y se genera una masa crítica de opositores, capaz de exigir reformas de sentido democratizador. En 1998, la oposición al régimen de Milosevic estaba tan anémica y desunida como la cubana de hoy; dos años después les echó un pulso en la calle a las fuerzas represivas y forzó la convocatoria de elecciones libres, en las que el gobierno salió derrotado.

Pero los movimientos históricos son sumamente lentos en comparación con el raudo tránsito de la vida humana. «Veinte años no es nada», reza un verso del célebre tango *Volver*, de Gardel y Le Pera. En esta óptica, los diez años transcurridos desde el eclipse del Máximo Líder y la llegada al poder del Líder Mínimo serían, pues, la mitad de nada. Nunca mejor tangueado.

EL CONDE DE POZOS DULCES Y LA «CUBA PEQUEÑA»

Noventa kilómetros al este de Sevilla, Osuna es una ciudad pequeña y antiquísima, que se extiende al pie de una colina dominada por la Colegiata de Nuestra Señora de la Asunción, una mole renacentista que por fuera parece castillo medieval y por dentro, palacio barroco. Desde la antigüedad la villa había sido una encrucijada de guerra y comercio. En 1562 el rey Felipe II creó el ducado de Osuna, que otorgó al conde de Ureña, Pedro Téllez Girón, sexto señor de la ciudad andaluza y Grande de España.

Pero a mediados del siglo XIX, el glorioso pasado imperial era ya un sueño remoto y Osuna se había convertido en un poblachón soñoliento, en medio de un paisaje de olivos y trigales que apenas había cambiado en dos mil años. España atravesaba entonces un largo periodo de trastornos políticos y atraso económico, que había comenzado con la invasión napoleónica de 1808 y se prolongaría hasta la restauración de los Borbones en 1874.

En 1853, en el ecuador de esa decadencia, Osuna adquirió un vecino insólito: Francisco de Frías y Jacob, IV conde de Pozos Dulces. Un habanero que llegaba en calidad de desterrado y, según la ley entonces vigente, debía permanecer dos años en la villa sin derecho a viajar fuera de las lindes municipales. Frías Jacob había sido condenado el año anterior, acusado de participar en la conspiración anexionista de Vueltabajo. La pena de destierro le fue conmutada al año siguiente y el conde pudo viajar a París y de allí a Nueva York, donde prosiguió sus actividades conspirativas.

Hay pocos datos sobre el año que Pozos Dulces pasó en Osuna. Pero es difícil imaginar un contexto más adverso para un hombre de su cultura y temperamento. El conde tenía entonces 44 años de edad y hablaba y escribía a la perfección varios idiomas. Había vivido y cursado estudios en Estados Unidos (diez años) y en Francia (dos años), países donde recibió una formación científica de alto nivel en Química, Geología y Agronomía. Sin duda el conde era entonces uno de los talentos científicos más brillantes de Hispanoamérica y estaba en contacto con las ideas más novedosas de su tiempo. En la Andalucía de 1853, beata y provinciana, torera y flamenca, el noble habanero era poco menos que un extraterrestre.

Según los testimonios de sus coetáneos, Francisco de Frías y Jacob fue un hombre ecuánime, amante del estudio y profundo conocedor de su tierra y sus gentes. Pero la época que le tocó en suerte le hizo vivir en un torbellino de viajes, conjuras, destierros, proyectos científicos inacabados y querellas políticas estériles, que conforman una figura histórica de múltiples y sorprendentes facetas. El hombre que conspiró con su cuñado, Narciso López, para provocar la anexión de la Isla a Estados Unidos (como poco antes había hecho la República de Texas), fue también capaz de teorizar sobre la mejora de la cabaña ganadera, la cría del gusano de seda o el cultivo del tabaco con métodos modernos. El prócer liberal que asistió a las mejores universidades de Francia y Estados Unidos, dirigió el periódico El Siglo y fue miembro de la Junta de Información, —iniciativa que en 1865 pudo haber cambiado el futuro de Cuba, si el gobierno español no hubiera sido tan obtuso—, era también el ideólogo que postulaba la necesidad de «blanquear» el país y prescindir gradualmente de negros y chinos —esclavos o no— porque sólo la raza blanca reunía, a su parecer, las condiciones morales e intelectuales para constituir la sociedad agroindustrial sobre la que se podría fundar un Estado próspero y libre.

Quizá en La Habana de la época estas contradicciones de un intelectual cosmopolita resultaran menos llamativas. Frías Jacob, nacido en 1809, pertenecía a un grupo de familias criollas que se habían enriquecido rápidamente a principios de siglo, merced a las exportaciones de azúcar, tabaco y café y las transformaciones tecnológicas derivadas de la Revolución Industrial. Esa aristocracia que hundía sus raíces en la tierra y se beneficiaba del trabajo esclavo, comprendió muy pronto las claves de la dinámica de su época: ciencia aplicada, acumulación de capital, racionalización de la producción e inserción en el comercio atlántico, que prefiguraba ya la mundialización del siglo XX. De España, sumida en una serie interminable de guerras civiles e internacionales, pronunciamientos, crisis sucesorias y rebeliones de todo tipo, poco o nada cabía esperar. A lo sumo, la Corona podía garantizar la seguridad de la población blanca ante el peligro potencial que representaban los negros esclavos, cuyo número aumentaba sin cesar. Todo lo demás —la máquina de vapor, el tren, el telégrafo, los barcos de hierro y hélice— llegaba de Europa o de Estados Unidos.

El atraso de la Metrópoli era tan manifiesto que en Cuba se construyó el primer ferrocarril del imperio español en 1837, once años antes de que en la Península se inaugurase la línea de Barcelona a Mataró.

Junto al rápido desarrollo económico, otro fenómeno transformaba en ese momento a la sociedad cubana: la génesis del sentimiento nacional. La Isla era una colonia de plantación en la que convivían criollos, peninsulares, negros esclavos y libres, pardos y, desde 1847, algunos miles de chinos; una masa de población en la que el concepto de identidad diferencial con respecto a la española se fue desarrollando muy lentamente a lo largo del siglo XIX. En los años en que Pozos Dulces inició su actuación pública, ni siquiera el gentilicio «cubano» era de uso corriente en la isla. En 1823 el jefe de la primera conspiración separatista se había dirigido a sus compatriotas llamándoles «*cubanacanos*».

A partir de 1815, la élite criolla consideró seriamente la posibilidad de acceder a la libertad política mediante la ayuda de otro país americano, es decir, mediante la anexión. Candidatos a ejecutar ese rescate solidario fueron, en orden cronológico, la Gran Colombia de Bolívar, el Imperio Mexicano de Iturbide y Estados Unidos, que hacia mediados de siglo mostraba un ímpetu expansionista capaz de asimilar cualquier territorio o población de su entorno. Al mismo tiempo, otros grupos trataban de obtener de la Metrópoli las reformas que la Isla necesitaba.

En 1865 los caminos de la anexión y de la reforma se cerraron casi simultáneamente. En Estados Unidos, terminó la Guerra de Secesión con la derrota del Sur y la abolición de la esclavitud. En Madrid, las autoridades españolas hicieron caso omiso de los planteamientos de los reformistas criollos que componían la Junta de Información. Muchos patriotas cubanos llegaron a la conclusión de que era preferible pagar el precio de la libertad, por oneroso que fuera, antes que resignarse a vivir de rodillas.

En este sentido, la vida y la obra del conde de Pozos Dulces resumen cabalmente las corrientes y tendencias de su época: su esfuerzo por desarrollar y perfeccionar la agricultura y la industria como pilares de la nueva nación, su prevención hacia el peligro que representaba la esclavitud, su evolución política del anexionismo al reformismo y su rechazo final a la guerra civil desatada con el Grito de Yara.

«Cuba debiera ser por excelencia la patria de la pequeña propiedad y de los cultivos en escala menor», afirmó el conde en una de sus célebres cartas desde París, que publicó en 1857 El Correo de la Tarde. Esta idea de «la Cuba pequeña» es un proyecto transformador que, como su nombre no indica, contiene una vasta ambición: la de reformar totalmente la estructura económica y social de la colonia con miras a crear una clase media rural que fomentara la prosperidad y sirviera de base a la independencia. Pero la consecución de la soberanía, cuando fuera viable, no debería llegar mediante la violencia fratricida. Por eso el conde de Pozos Dulces partió voluntariamente a su último destierro en 1869 y falleció en París ocho años después, con el desconsuelo de ver a su patria ensangrentada y su esfuerzo de cultura y modernización caído en saco roto. «Los hombres», solía decir Raymond Aron, «hacen la historia. Pero no saben la historia que hacen».

La posteridad ha sido mezquina con un cubano tan notable. La primacía de la cosmovisión nacional-revolucionaria enturbió desde 1902 la valoración pública de las figuras que no se adhirieron a la lucha armada en pro de la independencia. La República liberal reconoció los méritos científicos de Pozos Dulces y hasta le dedicó una estatua en el Vedado, en tierras que antes pertenecieron a su hacienda El Carmelo. Pero nunca digirió bien su rechazo a la guerra fratricida de 1868 y su exilio en Europa, un año después. A partir de 1959, la República socialista tendió un tupido velo de silencio sobre su figura. Aún hoy, cuando algunos académicos oficialistas le dedican unos párrafos displicentes, no dejan de señalar que era «un racista» y que promovió la creación de un «nacionalismo pequeñoburgués», delitos de lesa corrección política que, al parecer, bastan para expulsarlo del panteón nacional.

MEDALLAS Y SINÉCDOQUES

Antes de pasar al meollo de este artículo, debo prevenir al lector de que yo soy uno de esos malos patriotas que se alegran con cada derrota que sufren los atletas de su país en cualquier competición deportiva. Será porque nunca he creído en la sinécdoque Partido único-Gobierno-Estado-Nación o porque desde muy joven me repugnaron las imágenes de aquellos campeones olímpicos que volvían a La Habana a colgarle la medalla al cuello al dictador vitalicio. Consciente de mi prejuicio al respecto, trataré de ceñirme lo más posible a las estadísticas, al examinar aquí los resultados que han obtenido los deportistas cubanos en las recientes Olimpiadas de Río de Janeiro.

Primero, el cómputo global. Los atletas cubanos lograron en Río 11 medallas —cinco de oro, dos de plata y cuatro de bronce— y el país ocupó el puesto 18, detrás de Brasil, España, Kenia, Jamaica y Croacia. Es el peor resultado de los últimos... 44 años. Inferior incluso a las 13 medallas ganadas en Montreal (1976), que le valieron para alcanzar la octava plaza.

El declive del deporte en la Isla es evidente. Desde el punto de máximo rendimiento, alcanzado en Barcelona en 1992, cuando los cubanos ganaron 31 medallas (14-6-11), la cosecha ha ido menguando: 25 preseas en Atlanta (1996); 29 en Sidney (2000); 27 en Atenas (2004); 24 en Beijing (2008); y 15 en Londres (2012), hasta llegar a las 11 de este año. Si se examina bien, este último resultado es apenas homologable al que obtuvo la recién fundada República de Cuba en los Juegos Olímpicos de 1904 que se celebraron en San Luis (EEUU), cuando con una representación incomparablemente menor y unas condiciones mucho menos propicias, los cubanos ganaron 9 medallas (cuatro de oro, dos de plata y tres de bronce) y terminaron terceros en la clasificación general.

A las Olimpiadas de Río de Janeiro, el Gobierno cubano envió a 123 atletas a participar en 19 especialidades. En San Luis, compitieron cinco atletas en dos disciplinas y todos se pagaron el viaje, hasta «El Andarín» Carvajal, que casi logra medalla en la maratón. Eran otros tiempos.

La prensa del régimen, que padece de triunfalismo crónico, suele repetir el argumento de la proporcionalidad demográfica: cuántas medallas gana (o ganaba) Cuba por número de habitantes. En la práctica, esto se explica así: si EEUU tiene unas 30 veces la población de Cuba, cada presea obtenida por los atletas cubanos vale por 30 que pudieran ganar los «americanos». En Barcelona, por ejemplo, donde Cuba ganó 31 medallas, Estados Unidos sólo habría «igualado» los resultados de la Isla si hubiera logrado 930 medallas. Si ese razonamiento presuntamente moral tuviera algún sentido, Fiyi, Bahamas, Kosovo y Jamaica serían las primeras potencias deportivas del planeta: todos estos países han obtenido, en proporción a su población total, resultados muy superiores a los del resto del mundo, Cuba incluida.

En Río fracasaron ex campeones olímpicos y titulares de marcas mundiales, ganadores de los Juegos Panamericanos y prospectos a los que la prensa nacional vaticinaba una espléndida carrera deportiva. Fue sobre todo notable la escasa participación y los pésimos resultados en los deportes colectivos. Ni baloncesto, ni fútbol, ni hockey sobre hierba, ni polo acuático: el bajo nivel de los equipos cubanos no les permite acceder al torneo olímpico. ¿Alguien recuerda cuando el relevo masculino 4 x 100 rivalizaba con Estados Unidos y ganaba preseas de plata? ¿O cuando las voleibolistas imponían su ley en la malla alta y acaparaban medallas en todas las competencias? Hoy Jamaica domina las pruebas de velocidad y en voleibol femenino países como Senegal y Puerto Rico obtienen pasaporte a Río, mientras que las cubanas viven de recordar glorias pretéritas.

Este deterioro generalizado del deporte nacional presenta un rasgo aún más inquietante: los cubanos sólo ganan en disciplinas de lucha individual. Con la excepción de una solitaria medalla de bronce en atletismo femenino, todas las preseas conseguidas en Río se lograron en deportes de combate cuerpo a cuerpo: boxeo, judo y lucha grecorromana.

Para colmo, en una de las pocas especialidades colectivas en las que se había clasificado, el voleibol masculino, el combinado cubano perdió todos los partidos. Aunque en este caso debe tenerse en cuenta que los mejores jugadores están en una cárcel de Finlandia, acusados de haber violado en equipo —nunca mejor dicho— a una señora que presuntamente no estaba por la labor. Al parecer, nadie les había avisado a los fogosos cubanitos de que en ese aspecto los códigos culturales y penales del Caribe y de Escandinavia tienen ligeras diferencias.

Los triunfos de los atletas cubanos a partir de 1968 fueron posibles gracias a una combinación de factores. El desarrollo del deporte era asunto personal de Fidel Castro, que asignaba al sector un volumen desproporcionado de recursos. El gasto en formación, alojamiento, ropa, comida, viajes y regalos a los triunfadores era cuantioso. En las condiciones de miseria en que malvivía el resto de la población, estos privilegios bastaron, durante un tiempo, para asegurar resultados y lealtad al régimen. A falta de otros alicientes, un gran número de jóvenes se dedicaba al deporte. El sector consumía así una fracción del Producto Interno Bruto (PIB) que hubiera sido impensable en cualquier otro país, porque en el resto del mundo los presupuestos suelen repartirse de manera más racional para satisfacer las necesidades nacionales, requieren la aprobación del Parlamento y están sujetos al escrutinio de la prensa.

La estrategia copiaba el método soviético de fabricar campeones mediante la concentración de recursos del Estado en determinadas especialidades consideradas más «productivas». A lo que se añadía el humor o las manías del Comandante en Jefe, que bendecía a unos y marginaba a otros. Así, se privilegió al atletismo, el béisbol y el boxeo, pero se ninguneó el tenis, la natación y la equitación («deportes burgueses», decían los comisarios-entrenadores). En cambio, este prejuicio de clase no afectó a la esgrima, deporte «aristocrático» donde los hubiera, que sí recibió mucho apoyo, al menos durante algunas décadas.

La formación comenzaba en la infancia, en las Escuelas de Iniciación Deportiva Escolar (EIDE) y terminaba, para los mejor dotados, en el equipo nacional. Internos de lunes a sábado, 11 meses al año, los becarios recibían escolaridad (poca) y muchas horas diarias de entrenamiento. La estrategia tenía evidentes fines propagandísticos. Los triunfos en las competiciones internacionales eran una vitrina para exponer la superioridad moral y práctica del comunismo sobre los demás sistemas políticos.

Desaparecidos los subsidios soviéticos a partir de 1992 y en vías de extinción los procedentes de Venezuela, el sector deportivo cubano va reduciéndose a proporciones más coherentes con el PIB del país y sujetas a un reparto más racional de los recursos nacionales.

Pero la crisis económica no ha sido la única causa del declive. A la limitación de orden monetario se agregan otros factores: la fuga de deportistas de primer nivel que huyen de la Isla en cuanto se les presenta una oportunidad (sin mencionar a las decenas de peloteros que triunfan en EEUU, seis atletas nacidos en Cuba ganaron medallas en Río, en representación de otros países: Azerbaiyán, Turquía, España, Italia y Estados Unidos); la ampliación de horizontes que representan las nuevas actividades en el sector privado, lo que reduce el atractivo de la profesión deportiva entre los jóvenes; y la senilidad de Fidel Castro, que le impide ocuparse como antes del aparato propagandístico e imponer sus caprichos en lo tocante a la asignación del presupuesto nacional. La sequía progresiva de triunfos internacionales marcha a la par de la evolución de estos vectores.

Al evaporarse el mito de que Cuba es una «potencia deportiva», desaparece otro de los pilares propagandísticos del régimen. Ya en los últimos años se había comprobado la mala calidad de la educación y el pésimo estado de los servicios médicos. El fracaso deportivo es quizá más evidente, porque puede medirse cada cuatro años, en oro, plata y bronce. La decadencia del sistema de partido único y economía estatal es imparable y arrastra consigo a la nación cubana. Eso es lo malo que tienen las sinécdoques.

CUBA: ¿UNA POBLACIÓN ALTAMENTE EDUCADA?

Desde 1959 el gobierno de Cuba ha dedicado cuantiosos recursos al sistema nacional de enseñanza. La campaña de alfabetización de 1961, la confiscación de las escuelas privadas, la intervención de las universidades y la creación de nuevas instituciones especializadas eran, según la propaganda oficial, medidas encaminadas a transformar a la Isla en una «potencia mundial en educación». Al mismo tiempo, se trataba de crear un sistema de adoctrinamiento que permitiera moldear el pensamiento desde la más tierna infancia en la ideología marxista-leninista-fidelista.

En el mundo entero los sochantres del castrismo repiten desde entonces que uno de los «logros» de la revolución cubana es el espectacular desarrollo de la educación. Estas proclamas triunfalistas se basan más en consignas y estadísticas manipuladas que difunde el Gobierno de La Habana que en datos objetivos y verificables aportados por entidades internacionales.

Sin entrar a considerar el daño antropológico que han causado a varias generaciones de cubanos el adoctrinamiento machacón recibido durante años en las aulas y la necesidad de fingir una adhesión entusiasta a los valores «revolucionarios» para proseguir los estudios, es posible evaluar los resultados del sistema educativo castrista en términos concretos y mensurables.

Lo primero que salta a la vista es la escasa calidad de la enseñanza universitaria. Cualquiera que sea la clasificación internacional consultada (Shanghai, Oxford o CSIC), la mejor institución cubana, la Universidad de La Habana, no figura ni siquiera entre las 1.000 primeras del mundo. Por ejemplo, en la clasificación más reciente del Consejo Superior de Investigaciones Científicas de España (CSIC), la universidad habanera ocupa el puesto 20 en el Caribe, por detrás de instituciones de México, Jamaica y Puerto Rico, y el puesto 1.741 en la clasificación mundial. Es decir, que en el planeta hay 1.740 universidades, algunas de países muy pobres de Asia y África, que superan en calidad al mejor centro cubano de tercer ciclo.

Cabe señalar que los métodos de clasificación de estas entidades son cada año más refinados y tienen en cuenta las diferencias culturales, el contexto económico y la organización interna. La valoración, en términos de notoriedad, repercusión y actividades, se establece mediante una amplia gama de indicadores de prestigio institucional y rendimiento académico, tales como artículos en publicaciones especializadas, resultados de la labor de investigación, edición de material de alto nivel, uso de nuevas tecnologías, reconocimiento internacional, etc. Estos valores, combinados de manera ponderada, arrojan un índice numérico que determina el rango del centro de estudios en la jerarquía mundial. Sería absurdo pensar que estas agencias de clasificación operan coordinadamente bajo instrucciones de la CIA estadounidense con ánimo de desacreditar al Gobierno cubano.

Simplemente, las universidades de la Isla no están a la altura de las necesidades pedagógicas y de investigación del mundo contemporáneo.

Este es el resultado de más de medio siglo de inversiones faraónicas, atención preferente al sector educativo, «innovación pedagógica» en la línea de Makarenko y Castro I, y esfuerzos sistemáticos para crear el «hombre nuevo», del que ya apenas se habla. Sin olvidar que el punto de partida del sistema educativo cubano —público y privado— en 1960 era relativamente alto para un país de desarrollo intermedio y que la tasa de analfabetismo se aproximaba al 20%, nada escandaloso para la época. Ese año la media mundial era del 40 % (México: 30%; Puerto Rico: 11%; Chile: 10%, Argentina: 9%). Y a pesar de que en alguna página web castrista se afirma que durante la República «cada año aumentaba el ejército de adultos analfabetos», lo cierto es que desde 1902 el número de cubanos que sabía leer y escribir había pasado del 30% al 80% de la población.

Las deficiencias de la enseñanza universitaria no hacen más que resumir y reflejar los males que aquejan al sistema educativo y a la sociedad cubana en su conjunto. En lo esencial, la política educativa del castrismo se ha basado en la extensión y la masificación, a expensas de la calidad. Había que lograr que todo el mundo pudiera leer cuatro consignas y firmar con su nombre, para proclamar a la Isla «territorio libre de analfabetismo» y luego librar la «batalla del sexto grado» para otorgar a todos un certificado acreditativo y finalmente tratar de que el mayor número posible de jóvenes ingresara en la universidad para obtener un diploma, sin parar mientes en los resultados académicos ni la vocación de los estudiantes.

Los efectos de esta política han dado origen a situaciones muy curiosas. En 1980, dos decenios después de que el Gobierno castrista declarara que toda la población había sido alfabetizada, llegaron a Cayo Hueso unos 135.000 exiliados procedentes del puerto del Mariel. Las autoridades estadounidenses comprobaron que alrededor del 7% de los «marielitos» eran analfabetos funcionales, es decir, no eran capaces de leer y entender un formulario sencillo y cumplimentarlo.

Al valorar este dato hay que tener en cuenta que la gran mayoría de los recién llegados provenían de zonas urbanas y eran adultos de entre 20 y 40 años de edad. ¿Cuál hubiera sido en ese momento la tasa real de alfabetización entre los mayores de 50 años que vivían en las zonas rurales del país? No se sabe, entre otras razones porque el Gobierno cubano nunca ha realizado un estudio de seguimiento para determinar la eficacia de la famosa campaña de alfabetización de 1961 y las recaídas probables en el analfabetismo por desuso ocurridas entre adultos mayores residentes en el campo, que recibieron una instrucción somera durante algunas semanas y luego no volvieron a tocar un libro en el resto de su vida. Este es apenas un ejemplo de los muchos que inducen a tomar con cautela el triunfalismo del régimen en materia de educación.

Las evaluaciones generales formuladas por agencias de clasificación que utilizan criterios estadísticos para asignar un valor comparativo a los sistemas de enseñanza —algo que puede parecer sumamente abstracto— vienen corroboradas, en mi experiencia particular, por los datos empíricos de casi 20 años de trabajo en la UNESCO. Como todo el mundo sabe, la UNESCO es la organización del sistema de las Naciones Unidas que se encarga de la educación, la ciencia y la cultura.

En el desempeño de mis funciones en la sede de esta organización, tuve que tratar muchas veces con profesionales graduados en las universidades cubanas. Salvo muy contadas y honrosas excepciones, esos diplomados causaban asombro por la vastedad de su ignorancia en temas elementales, el anacronismo de lo que habían aprendido y su falta de cultura general. Algunos de ellos habían sido incluso profesores o catedráticos universitarios, pero desconocían datos básicos de Historia, Geografía y otras materias que normalmente se estudian en la escuela primaria, redactaban mal en español, incurrían en faltas de ortografía y exhibían obvias limitaciones para trabajar en otras lenguas.

Por su carácter generalizado, estas deficiencias no son atribuibles a la falta de inteligencia o capacidad de los universitarios cubanos, sino que ponen de manifiesto la existencia de lagunas en los contenidos y métodos de formación.

La calidad de la enseñanza superior en la Isla se ha resentido además por la falta de libertad académica, la politización integral y la imposición de la ortodoxia marxista, una ideología anacrónica, que ya en el siglo XIX había demostrado lo erróneo de sus vaticinios y la debilidad de sus razonamientos. A todo lo anterior, habría que añadir el bajo nivel educativo que arrastran los estudiantes desde la enseñanza primaria a lo largo de todo el ciclo secundario y que los lleva a ingresar en la universidad con las carencias antes señaladas.

A su vez, esta característica está vinculada a la escasez y la mala formación de los docentes. A pesar de que en el último decenio la población escolar disminuye cada año, como resultado de la emigración y la crisis demográfica, los maestros de primaria apenas alcanzan y el Gobierno ha tenido que echar mano de profesores jubilados para cubrir el déficit de personal docente. Al parecer, no hay mucho interés entre los jóvenes por cursar estudios de Pedagogía y dedicarse al magisterio.

La situación se agrava por las pocas perspectivas profesionales que el sistema ofrece a sus diplomados. La masificación y la presunta «gratuidad» de los estudios universitarios han terminado por crear varias generaciones de gente frustrada, adornadas con un título devaluado que les sirve de muy poco, porque por un lado carecen de los conocimientos suficientes para desempeñar una función a la altura del diploma y, por el otro, la estructura socioeconómica del país no puede ofrecerles un empleo acorde con su titulación. Por eso pululan en las ciudades ingenieros que conducen taxis, ex arquitectos que sirven mojitos en los restaurantes o biólogos reconvertidos en guías de turismo, así como una multitud de proletarios y proletarias del sexo que, como dijo Castro I en 1998, «son los más cultos del mundo».

La idea de que en el futuro Cuba podrá desarrollarse rápidamente, una vez superada la era castrista, porque cuenta con «una población altamente educada», es sobre todo una fórmula de consuelo retórico. Como tantos otros aspectos de ese régimen, el sistema educativo es un fraude gigantesco, al servicio de las necesidades propagandísticas del Estado. Su inspirador no es Makarenko ni Lunacharski, sino el conde Grigori Potemkin, el amante de Catalina la Grande que engalanaba las aldeas miserables como un decorado de teatro, con flores en las ventanas y campesinos atildados, que saludaban sonrientes al paso del cortejo imperial.

LOS CINCO DE TAMPERE

En medio del incomprensible silencio de la prensa y las autoridades cubanas, ha concluido en Tampere (Finlandia) el proceso judicial contra cinco jugadores del equipo nacional de voleibol acusados de violar en grupo a una ciudadana de ese país.

Hasta el momento, el diario Granma se ha limitado a reproducir los cables de agencia que dan escueta razón del procedimiento, sin entrar a valorar su significado. El Gobierno de La Habana guarda un silencio clamoroso. Pero, ahora que se ha concretado una condena de prisión contra los cinco acusados, nadie duda de que el espíritu del pueblo combatiente se reanimará para rescatar a sus hijos, víctimas de una monstruosa injusticia. A los «cinco héroes prisioneros del Imperio», que ya están de vuelta en la Isla gracias a la lucidez política del presidente Obama, sucederán los cinco «campeones prisioneros de Tampere». Los cinco de Tampere. Los cinco aceres de Tamperes (sic). Lo cinco acere (sic) de Tampere. Los cinco, acere, de Tampere. Randy, Arleen y demás periodistas revolucionarios expondrán las razones como puños que asisten al pueblo iracundo para reivindicar la inocencia de los reos y reclamar espontáneamente la liberación y el regreso a la patria de esos adalides de la malla alta y los calzones bajos. Las pruebas que demuestran su inocencia son, básicamente, dos:

Primero: Es totalmente imposible que cinco cubanos jóvenes, hombres nuevos, nacidos cuando «la revolución» llevaba ya 30 años en el poder, educados bajo el socialismo, repitiendo todos los días las consignas adecuadas —«seremos como el Che», «Comandante en Jefe, ordene»—, formados en las mejores escuelas deportivas e instruidos con discursos del Máximo Líder, cometan un acto como el que se les atribuye. Imposible. Esos héroes solo querían plantar la semilla revolucionaria caribeña en el surco agotado de la vieja civilización nórdica para que retoñara en forma de mulatos con ojos azules, que antes se llamaban «jabaos».

Segundo: El sumario será secreto durante 60 años. No es una medida para proteger el honor y la intimidad de la víctima, como alega el tribunal, sino una prueba de la iniquidad del proceso y, sin duda, de su origen conspirativo. Es obvio que la CIA, el FBI, el MI5, la AFL-CIO, el COI, la ONU y el Mossad están detrás de la conjura. Como le ocurrió a Julián Assange, el fundador de Wikileaks, que lleva cuatro años refugiado en la embajada de Ecuador en Londres, para no enfrentarse a cargos similares en Suecia. Es evidente que hay una ofensiva imperialista por vía venéreoescandinava contra las fuerzas progresistas del planeta. Los compañeros Oliver Stone y Michael Moore deberían preparar una película sobre el tema.

Según exige una campaña digna de este nombre, habrá desfiles, mítines, veladas, mesas redondas y conferencias en las que se expondrá la entraña conspirativa de la condena. Silvio escribirá una canción en la que contará que los cinco en realidad buscaban al unicornio azul entre los renos de Santa Claus, pero una aurora boreal les nubló el papalote y las hormonas se fueron a bolina. Y que son más inocentes que un elegido recién nacido.

La estrategia es previsible, pero no por eso menos eficaz. El primer finlandés despistado que llegue a La Habana ávido de música y mojitos y mulatez terminará en una celda de Villa Marista, acusado de corrupción de menores, tráfico de drogas y diversionismo ideológico. Con este rehén en un calabozo y la campaña de prensa a todo tren, Finlandia capitulará pronto.

Los escandinavos han tenido un trato íntimo con el sistema soviético. Stalin y el Ejército Rojo inventaron la «finlandización», concepto que los jóvenes de hoy ni siquiera desconocen y que consistía en una especie de capitulación permanente que les permitió a los fineses no convertirse del todo en la 16a república de la URSS, pero que indujo hábitos de obediencia y cautela. Devolverán a los Cinco de Tampere, el Gobierno de Castro II proclamará el triunfo de la justicia universal y la fuerza incontrastable del nacional-erotismo cubano hecho deporte revolucionario, y Helsinki le otorgará a Cuba el trato de nación más favorecida, con una cláusula especial dedicada al intercambio cultural.

Si los preparativos de la nueva batalla no están ya a la vista, si Randy, Silvio, Oliver y los demás compañeros no se han activado todavía, es que el régimen ha perdido gran parte de sus reflejos, en una decadencia que marcha a la par de la senilidad de Castro I.

Mas no importa. El presente es de lucha (libre o grecorromana), pero el futuro es nuestro. Hasta la victoria siempre. Socialismo o muerte.

Fucking volleyball!

¿ELECCIONES PARA QUIÉN?

La perspectiva de que Raúl Castro cumpla su promesa de no perpetuarse en el poder más allá de 2018 y el vago anuncio de una reforma de la ley electoral para esa fecha, han generado en Cuba la esperanza de que ese año podría iniciarse un cambio de sentido democrático en la Isla.

Incluso algunos opositores han declarado su intención de presentarse a las elecciones previstas para entonces, con la convicción de que es posible transformar el régimen desde dentro, aprovechando los resquicios de autonomía ciudadana que dejan las leyes vigentes.

Con todo el respeto que merecen quienes en Cuba se atreven a oponerse a un régimen dictatorial y afrontan todo tipo de represalias por expresar sus ideas, creo que esa estrategia electoral sería un error y un despilfarro.

En Cuba, las violaciones de derechos —comprendidos los derechos a la libertad de opinión, reunión y asociación pacíficas, que garantizan los artículos 19 y 20 de la Declaración Universal de Derechos Humanos (DUDH), y a la participación equitativa en la vida pública mediante elecciones libres y auténticas, consagrada en el artículo 21— no son hechos esporádicos o accidentales, sino prácticas permanentes, enquistadas en la Constitución y el Código Penal del régimen. Al formar parte de la normativa jurídica del Estado, esas violaciones son «legales», aunque sigan siendo ilegítimas en virtud de los pactos de las Naciones Unidas y conciten el rechazo de la comunidad internacional.

De esa manera el Estado cubano, signatario tanto de la DUDH como de los pactos internacionales de derechos civiles, políticos, económicos, sociales y culturales de las Naciones Unidas, niega a sus ciudadanos en la Isla y en el exterior los mismos derechos que reivindica en los foros mundiales para los refugiados sirios, los obreros surafricanos, los indígenas guatemaltecos o los transexuales de Uzbekistán.

169

En el marco jurídico vigente, la ley electoral cubana es un cúmulo de normas arbitrarias concebidas para asegurar el poder monopolístico del Partido Comunista (PCC) ante cualquier intento individual o colectivo de promover ideas o medidas políticas diferentes. Por definición, el PCC es el único que posee una concepción científica e infalible de la Historia lo que, bajo el esclarecido liderazgo de la familia Castro que dura ya casi 60 años, le ha permitido conducir al país hasta la indigencia presente. De modo que los votantes no pueden elegir entre candidatos de partidos diferentes y ni siquiera entre dos programas distintos dentro del mismo PCC; los aspirantes no tienen acceso a los medios de comunicación ni posibilidad alguna de dar a conocer sus puntos de vista y sus proyectos de futuro.

En esas condiciones, participar en los comicios sería contribuir a prolongar esa situación arbitraria e ilegítima, incluso si los candidatos opositores obtuvieran algunos escaños. Porque el sistema está diseñado para neutralizar la capacidad de cambio de los diputados mediante el voto indirecto y porque ese simulacro de democracia aportaría legitimidad al régimen ante la comunidad internacional. Las elecciones auténticas, esas que exige la DUDH, solo pueden realizarse en el marco de un Estado de derecho, con garantías de igualdad para todos.

Contribuir a una farsa electoral como las que se han venido celebrando en los últimos años, en las que el régimen ha obtenido invariablemente más del 95% de los sufragios, sería además un despilfarro de energía y recursos. Hasta las agrupaciones más moderadas, como la Plataforma Ciudadana #Otro18, han señalado ya que sería necesario reformar previamente la Constitución y la normativa electoral para que una nueva ley «plural, libre, justa y que anime la competencia, ajustada a los estándares internacionales» diese sentido democrático y renovador a los comicios de 2018.

La Unión Liberal Cubana (ULC), que me honro en presidir, sostiene que el paso previo a cualquier reforma o eventual elección ha de ser la amnistía de todos los presos políticos y el cese de la represión contra la oposición pacífica.

La liberación de los presos políticos es un requisito indispensable para la reconciliación nacional y la búsqueda de un amplio acuerdo que permita a todos, sin excepción, participar en la solución de los problemas del país. «El respeto al derecho ajeno es la paz», escribió Benito Juárez. El Estado socialista es precisamente lo opuesto al Estado de derecho: está en guerra permanente porque desconoce y violenta los derechos de buena parte de los ciudadanos, que no comparten sus ideas y supersticiones. Esa política de exclusión y represión condena a la sociedad a vivir en una situación anómala.

Las personas que en Cuba están presas por delitos de opinión comprendieron el peligro que representaba para el país la continuidad de esa anomalía social y trataron de remediarla pacíficamente, arriesgando su libertad e incluso su propia vida. Por eso el primer paso de cualquier proyecto de reconciliación nacional y recuperación democrática ha de ser la amnistía inmediata e incondicional de los presos políticos.

Sólo a partir de la amnistía y el cese de la represión contra quienes se atreven a expresar públicamente sus criterios divergentes, podría empezar a plantearse la cuestión de la reforma constitucional y electoral. No se puede negociar con las cárceles llenas de opositores y la policía maltratando y arrestando a los manifestantes en la calle. Y sólo después de una reforma de la normativa vigente, que garantizara las reglas del juego democrático, tendría sentido la participación de la oposición en la contienda electoral.

De modo que el orden de los factores debería ser: amnistía, reforma constitucional y elecciones libres con supervisión internacional.

Pero todo eso son fines u objetivos. Y la pregunta que se impone es: ¿cómo conseguirlos? ¿Cuáles son los medios, en la situación actual, para obligar un régimen anquilosado y represor a modificar sus políticas y aceptar que las reglas del juego han cambiado, no sólo en la escena internacional, sino también en el ámbito nacional?

Ni las protestas aisladas de la oposición en el interior de la Isla ni la presión menguante del exterior han sido muy eficaces en esta tarea. Los jerarcas de La Habana están convencidos de que, en el fondo, el régimen es irreformable. Así lo demostraron las experiencias de Europa del Este y luego de China. Las presuntas reformas han de ser cosméticas, no deben tocar al núcleo duro del sistema (control estatal de los principales sectores económicos, monopolio del poder político en manos del partido único y privilegios de la casta militar) y han de anunciarse a bombo y platillo, para entretener las esperanzas de la población y crear en el extranjero la ilusión de que, ahora sí, el cambio ha comenzado.

La única manera de deslegitimar esa operación de camuflaje es exigir en la calle los derechos cívicos que el Gobierno deniega o aplasta. Mientras un número suficiente de cubanos no se decida a reclamar públicamente esos derechos, todas las peticiones, los discursos ante organismos internacionales, las gestiones de las ONG y las condenas de las asociaciones humanitarias quedarán en agua de borrajas.

Cuando se plantea este análisis surge inevitablemente en su contra el argumento tremendista de «poner el muerto». A quienes sostenemos la idea de la protesta popular pacífica se nos acusa de fomentar irresponsablemente la violencia, dando por sentado que el Gobierno responderá con un aumento del volumen y la intensidad de la represión, hasta llegar a matar en la calle a los manifestantes que reclamen sus derechos.

Pero la evidencia histórica no apuntala esa prevención. El castrismo ha matado mucho, pero siempre ha tratado de hacerlo con nocturnidad y discreción, nunca en la vía pública. Y si no lo hizo en los años iniciales, cuando la dictadura contaba con más respaldo popular y el comunismo parecía una fuerza pujante en el mundo entero, tampoco lo hará ahora, tras el fracaso empírico del sistema y el descrédito universal de las ideas marxistas-leninistas.

Desde hace años, un puñado de heroicos disidentes se manifiesta pacíficamente cada semana en las calles de La Habana y, a veces, en otros lugares de la Isla. La policía y los grupos paramilitares los reprimen, pero tienen órdenes de evitar el derramamiento de sangre. Por eso ha habido poquísimas víctimas mortales en esos choques.

Quienes creemos que la única vía eficaz de iniciar un cambio democrático pasa por llevar a la calle la protesta popular, no estamos convocando a morir por la patria, como en los versos del himno nacional, sino a vivir para ella. Pero a vivir con decoro y provecho. En pleno ejercicio de los derechos que son prerrogativas inherentes al ser humano y al ciudadano, consagradas en el derecho internacional y los pactos de las Naciones Unidas, y no dádivas ni licencias que otorga un Gobierno dictatorial y anacrónico.

La imagen de un grupo de manifestantes pacíficos masacrados por los esbirros del Gobierno pondría en evidencia de manera catastrófica la ilegitimidad del poder castrista. A estas alturas de la historia, hechos como ese no se pueden ocultar. Por eso el régimen se afana en dividir y aislar a la oposición, para evitar la tan temida expresión masiva de descontento popular, que no podría aplastar violentamente. Mientras sean dos docenas los que se atrevan a protestar en público, será sencillo reprimirlos. Cuando 10.000 personas (el 0,1% de la población, una de cada 1.000) salgan a la calle, el aparato represivo será impotente y tendrá que limitarse a mantener el orden y cortar el tráfico. Y el Gobierno tendrá que tomar nota y empezar a cambiar las reglas del juego.

Así fue como cayó la mayoría de las dictaduras comunistas de Europa del Este. Primero vino la escenificación callejera de la quiebra y el descrédito del régimen. Luego la amnistía y las reformas. Y, por último, las elecciones, con garantías suficientes para que el voto fuera expresión legítima de la voluntad popular.

Para que los comicios no sean un simulacro de ejercicio democrático que sólo sirva para enmascarar la ilegitimidad del sistema, es preciso que se realicen en un contexto de derechos y garantías ciudadanas. A diferencia de lo que nos enseñaron en las clases de aritmética, en política el orden de los factores sí altera el producto.

EL PRECIO DE LA LIBERTAD

Hace unas semanas publiqué en estas páginas [*Diario de Cuba*] un texto —«¿Elecciones para quién?»—, en el cual sostenía que el orden en que se plantearan las reivindicaciones democráticas en Cuba influiría en su eficacia y que la amnistía, la reforma constitucional y las elecciones libres bajo supervisión internacional eran fines u objetivos, a los que sólo se llegaría a través de la protesta popular masiva y pacífica, no mediante la participación en el sistema electoral vigente, que garantiza el monopolio del Partido Comunista Cubano (PCC).

Concurrir a elecciones fraudulentas, afirmé entonces y reitero ahora, sería un error y un despilfarro. Un error de estrategia, por la legitimidad que conferiría al Gobierno y un despilfarro de esfuerzos y recursos que podrían emplearse de manera más eficiente.

El artículo provocó varias respuestas breves con distinto grado de sensatez y una réplica más larga en la que se impugnaban algunas de mis ideas, incluso con citas literales del escrito original, aunque sin mencionar título ni nombre de autor. Como resulta evidente que el redactor de la respuesta y yo discrepamos no solo en cuanto a táctica política sino también en lo tocante a métodos filológicos, debo empezar por aclarar que me refiero al artículo «El yugo y el cascabel», publicado aquí por el disidente Hildebrando Chaviano Montes, el pasado 27 de octubre.

El argumento central del artículo de Chaviano Montes es que las elecciones son una oportunidad porque «si bien legitiman hacia adentro al Gobierno cubano, legitiman y hacen visibles a ciudadanos que de otra forma seguirían en el anonimato. Cada candidato independiente que gane las elecciones en su barrio mostrará al Gobierno y al mundo que son preferidos por un cierto número de vecinos, preferencia esta que de otra forma se hace harto difícil de demostrar entre los opositores».

Más allá de las virtudes de los candidatos independientes y el merecido aprecio del vecindario, la creencia de que la vía electoral podría cambiar paulatinamente el sistema comunista cubano se fundamenta necesariamente en tres premisas:

1) En algún momento futuro los grupos o partidos de oposición obtendrán votos y diputados suficientes como para aprobar leyes de reforma.

2) El Poder Judicial interpretará las nuevas leyes con imparcialidad y las refrendará, como expresión de la voluntad popular.

3) El Poder Ejecutivo acatará y aplicará dichas leyes.

Esta es la estrategia denominada «de la ley a la ley» que dio buenos resultados, por ejemplo, en la transición española de 1975-1978.

La premisa inicial es la que permite el análisis más exacto. Para alcanzar la mitad más uno de los escaños del Parlamento (que en Cuba recibe el pomposo nombre de Asamblea Nacional del Poder Popular), o sea, 307 de los 612 diputados que ahora lo conforman, la oposición tendría que obtener unos cuatro millones de votos populares. Cualquier cifra inferior a esa resultaría insuficiente, porque tendría enfrente al bloque oficialista, dominado por el PCC.

En un sistema parlamentario occidental, un partido que coseche el 30 o el 40% del voto constituye una fuerza considerable e incluso puede llegar a formar gobierno, en alianza con otros grupos. En el sistema cubano, cualquier cifra inferior a la mitad más uno de los diputados sería inoperante, porque el resto del parlamento funciona como un bloque unido al servicio del Gobierno.

Como elemento de comparación, cabe señalar que en las elecciones de 2013 hubo 365.000 votos en blanco (el 4,6%) y unos 95.000 votos nulos (el 1,2%). Supongamos —que es bastante suponer— que todos esos sufragios equivalen a otras tantas abstenciones o voces de protesta contra el sistema. El resto de los electores, el 94%, votó unánime y disciplinadamente por los candidatos afines al Gobierno. Quienes propugnan la participación electoral como método de cambio democrático aspiran a convertir esas 500.000 abstenciones de 2013 en 4 millones de votos abiertamente oposicionistas, puesto que ahora beneficiarían a candidatos contrarios al régimen.

Cuando yo planteé la posibilidad de que 10.000 cubanos marchen pacíficamente por las calles en demanda de sus derechos cívicos, la respuesta fue que era una ilusión descabellada, entre otras razones porque no es posible convencer a tanta gente de que deben arriesgarse a reclamar su libertad en la vía pública bajo la amenaza de la represión estatal. Sin duda es un ejercicio de ficción creer que uno de cada mil cubanos (el 0,1% de la población) podría reclamar públicamente sus derechos, como era ilusorio pensar en 1988 que algún día lo harían los checos, polacos y húngaros. En cambio sí es muy realista y sensato aspirar a que el voto opositor crezca un 800% y pase de medio millón a cuatro millones en los próximos cinco, diez o 15 años.

Pero el asunto no se agota ahí. Según el artículo 137 de la Carta Magna cubana «esta Constitución sólo puede ser reformada por la Asamblea Nacional del Poder Popular mediante acuerdo adoptado, en votación nominal, por una mayoría no inferior a las dos terceras partes del número total de sus integrantes...». Es decir, que para reformar la Constitución, paso indispensable para cambiar casi todo lo que habría que cambiar en el país, la oposición necesitaría no cuatro, sino seis millones de votos. Todo eso, sin campañas electorales, sin acceso a los medios de comunicación y bajo la presión de los grupos paramilitares que intimidan y agreden a los candidatos. Pero supongamos que, hartos de 60 años de comunismo, seis millones de cubanos votaran espontáneamente en contra del régimen y la oposición alcanzase dos tercios de los escaños en el Parlamento. Esa hipótesis nos lleva necesariamente a considerar la segunda premisa, la aceptación de la judicatura.

El Poder Judicial cubano está dominado por el PCC y no aceptaría, por inconstitucional, ninguna medida que vaya en contra de los intereses del partido único. La Constitución es muy clara en este aspecto. «El socialismo y el sistema político y social revolucionario establecido en esta Constitución, [...], es irrevocable, y Cuba no volverá jamás al capitalismo» (Artículo 3). «El Partido Comunista de Cuba, martiano y marxista-leninista, vanguardia organizada de la nación cubana, es la fuerza dirigente superior de la sociedad y del Estado, que organiza y orienta los esfuerzos comunes hacia los altos fines de la construcción del socialismo y el avance hacia la sociedad comunista» (Artículo 5). Y cualquier reforma constitucional que cuente con esos seis millones de votos podría llevarse a cabo «excepto en lo que se refiere al sistema político, social y económico, cuyo carácter irrevocable lo establece el artículo 3 del Capítulo I» (Artículo 137).

En cuanto a la tercera premisa, el cumplimiento de la ley por parte del Poder Ejecutivo, basta con observar lo que ocurre en Venezuela, donde los partidos opositores alcanzaron hace un año el 80% de los escaños del Parlamento y todavía no han conseguido que el presidente Nicolás Maduro ponga en vigor ni una sola de las reformas aprobadas en la Cámara.

La cifra de 10.000 cubanos que escogí para ilustrar mi primer artículo no es un guarismo arbitrario. Diez mil es algo menos que el número de votos necesario para elegir a un solo diputado al Parlamento. Es el número de firmantes requeridos para promover una reforma constitucional. Son bastantes menos de los 35.000 que han suscrito hasta la fecha el Proyecto Varela.

175

Diez mil cubanos marchando pacíficamente por las calles de La Habana. Con 32 carteles en los que se exija el cumplimiento de los derechos que garantiza el sistema de las Naciones Unidas: «Tengo todos los derechos, cualquiera que sea mi opinión política» (Artículo 2); «Nadie puede discriminarme por lo que soy ni por lo que digo ni por lo que pienso» (Artículo 7); «Tengo derecho a vivir donde me dé la gana» (Artículo 13); «Tengo derecho a montar un negocio para ganarme la vida» (Art. 17); «Tengo derecho a manifestar públicamente mis creencias» (Artículo 18); «Tengo derecho a votar por el partido que me plazca» (Artículo 21); «Reclamo el derecho a elegir la educación de mis hijos» (Artículo 26), y así hasta completar los 30 artículos de la Declaración Universal de Derechos Humanos. Y otras dos pancartas más, de estirpe criolla: «Libertad es el derecho a pensar y hablar sin hipocresía» y «La libertad cuesta muy caro, pero no creas que la sumisión es gratuita».

Esas son todavía mi ilusión y mi estrategia. Ni más ni menos ilusorias o estratégicas que las ensoñaciones que otros acarician de lograr seis millones de votos para cambiar el sistema desde dentro. Y el momento más propicio para probar su viabilidad está a punto de llegar el 1 de enero próximo, cuando el Gobierno cubano ocupe de nuevo un escaño en el Consejo de Derechos Humanos de las Naciones Unidas.

El día que esos 10.000 salgan a la calle, será el principio del fin de un sistema arcaico, represivo e ineficaz, que se ha enquistado en la vida nacional y amenaza con perpetuarse *sine die*. Quizá no sea una hecatombe, como sugiere Chaviano Montes. Tal vez se parezca más a lo que en 1989 ocurrió en Praga, en Berlín Este o en Budapest. «No está el mañana —ni el ayer— escrito», advierte el poema de Antonio Machado.

Mientras ese día no llegue, la escenografía de cartón-piedra de «La Revolución» continuará en pie y el país seguirá hundiéndose lentamente en el envilecimiento y la miseria del socialismo real, ahora disfrazado de capitalismo de Estado. Sin que ningún sainete electoral logre cambiarlo.

EL CASTRISMO EN LA ERA TRUMP[2]

La victoria sorpresiva e incontestable de Donald Trump en las elecciones presidenciales del 8 de noviembre ha roto los esquemas de mucha gente. En particular, de quienes estaban seguros de que habría cuatro años más —o incluso ocho— de dominio demócrata en la Casa Blanca.

El Gobierno de Cuba ha sido uno de los que se ha quedado descolocado con el resultado de la votación. También allí hacían cábalas sobre la continuidad de la distensión iniciada por el presidente Obama, el posible levantamiento del embargo comercial y el eventual acceso al Fondo Monetario y el Banco Mundial. A la vista de los descalabros sufridos por la izquierda antiyanki en Argentina y Brasil, y de las sombrías perspectivas del castrochavismo en Venezuela, la continuidad y ampliación de las concesiones unilaterales que venía otorgando Washington al régimen de La Habana adquirían cada vez más importancia.

No se sabe con precisión cuál será la política del presidente electo con respecto a Cuba. Entre otras cosas porque, habida cuenta del cúmulo de problemas internacionales que Estados Unidos afronta en la actualidad, la Isla debe de ocupar el puesto 189 en la lista de prioridades, entre la escasez de vacunas en Malawi y el agujero de la capa de ozono. En todo caso, cabe suponer que, llegado el momento de examinar el asunto, el nuevo Gobierno no se limitará a prolongar la política de regalos sin contrapartida que ha venido aplicando el gabinete demócrata, aunque quizá tampoco le interese interrumpirla totalmente.

Para marcar la diferencia con su antecesor, Trump probablemente elegirá una solución intermedia, es decir, no la vuelta al *statu quo ante*, sino una

---

[2] Nota del editor: Este artículo se publicó dos meses antes de que el presidente saliente, Barack Obama, anunciara el fin de la política de «pies secos/pies mojados», el 12 de enero de 2017.

estrategia de ofrecer nuevas concesiones a cambio de medidas concretas de liberalización por la parte cubana, tanto en el ámbito económico como en materia de política y derechos humanos. El viejo método del palo y la zanahoria, que hasta ahora Obama, magnánimo en verduras y un tanto alérgico al uso del garrote, había aplicado a medias. Trump, en cambio, parece más devoto de Teddy Roosevelt que de la Madre Teresa de Calcuta. Tras dos años de concesiones unilaterales, la estrategia negociadora de los jerarcas de La Habana ha quedado de manifiesto: aprovechar todo lo que Washington quiera darles y, a cambio, otorgar algunas medidas de liberalización simbólicas, casi todas limitadas al sector económico. A partir del 20 de enero próximo, los términos del intercambio seguramente se modificarán y comenzará un auténtico toma y daca, mucho más incómodo para el tardocastrismo. No sólo porque podría variar el grado de exigencia de EEUU, sino porque a partir de ahora y al menos durante dos años los republicanos dominarán la presidencia y las dos cámaras del Congreso lo que, en ausencia de reciprocidad por parte de Cuba, hace menos probable la atenuación del semiembargo comercial.

Pero, al margen de las medidas dirigidas específicamente a La Habana que el Gobierno republicano podría (o no) adoptar, Trump parece decidido a tomar cartas en otros asuntos más generales, que también podrían acarrear repercusiones considerables para la Isla. El más importante de todos es la política migratoria.

Cualquier decisión del nuevo Gobierno que restrinja la entrada de cubanos o suprima sus privilegios migratorios, afectará al negocio castrista de exportación de mano de obra dócil y chantajeable, que genera remesas y nutre el turismo de la Isla. En el último decenio, el régimen cubano ha permitido la salida de más de medio millón de emigrantes, en su mayoría personas en edad laboral que han dejado atrás a miembros de su familia. Para el Gobierno de La Habana, esos «migrantes económicos» son una fuente inagotable de ingresos, mediante las remesas que al poco tiempo comienzan a enviar a los parientes que quedaron en Cuba —genuinos rehenes del sistema— y las visitas turísticas «de la comunidad cubana en el exterior», según la orwelliana denominación oficial. Y como esos viajes dependen de la benevolencia de las autoridades cubanas que otorgan los visados de regreso, los nuevos emigrantes no suelen asumir posturas críticas hacia el sistema que los explota ni participar en actividades políticas que puedan irritar a los jerarcas del partido único.

Además, este esquema de migración subordinada a los designios del régimen sirve de válvula de escape al descontento que la política castrista genera entre los súbditos más jóvenes. Cuando la disyuntiva consiste en oponerse al Gobierno o emigrar, la inmensa mayoría opta por salir del país. Y muchos de ellos, a pesar de no sentir ninguna simpatía por el comunismo, terminan luego atrapados en el ciclo de remesas-visitas-silencio.

La reforma migratoria de Trump podría causar también otras víctimas colaterales. Bajo el manto del «intercambio cultural» numerosos corifeos del castrismo acuden a Estados Unidos a desplegar su talento artístico o buscarse la pitanza en las universidades que les extienden jugosos contratos. Aunque menos provechosas para el país desde el punto de vista económico, estas salidas constituyen una actividad propagandística a la que las autoridades cubanas atribuyen gran importancia y que les permite recompensar indirectamente a músicos, bailarines, actores e intelectuales orgánicos que permanecen fieles al régimen.

Ninguno de estos cambios, por sí solo, va a generar presión suficiente para que Raúl Castro y los generales octogenarios salgan de su enroque y acepten la necesidad de realizar modificaciones sustanciales en la estructura que acogota a la sociedad cubana. Pero todos juntos, unidos a la senectud de la dirigencia «revolucionaria» y al agotamiento de la ideología comunista en el mundo entero, bien podrían obrar en favor de una apertura de sentido democrático. En nuestra época, el cambio social siempre ha sobrevenido como consecuencia del cambio de mentalidad, nunca antes.

La creencia de que la humanidad evoluciona en sentido unívoco y que los «progres» tienen la clave de ese desarrollo no es más que una de las tantas supersticiones de la modernidad. Los votantes estadounidenses demostraron el martes que es un grave error dejarle al adversario la certidumbre de una complicidad con la Historia. Los cubanos deberíamos tomar nota.

FIDEL CASTRO Y LOS PROGRES DE OCCIDENTE

Con motivo de la muerte de Fidel Castro los panegíricos se han multiplicado en la prensa internacional. También se ha publicado un número menor de artículos críticos, en los que se pone de relieve el carácter dictatorial y dinástico del régimen, y los crímenes y las inepcias del finado.

No hallé interés alguno en reiterar en ese momento mi repugnancia por el logorreico personaje y por su obra, que tantas veces he expresado en libros y artículos. Pero sí creo pertinente examinar un aspecto de las reacciones que su fallecimiento ha suscitado.

Lo que más llama la atención es que la totalidad de los textos hagiográficos —y también buena parte de los críticos— se enmarcan en el relato del último siglo y medio de historia de Cuba que la propaganda castrista logró imponer desde el decenio de 1960. Compuesto a partes iguales de ignorancia, pereza y mala fe, este relato histórico podría resumirse así:

En el siglo XIX, Cuba era una colonia de España, oprimida, atrasada y miserable, como cualquier otra colonia tropical de la época. A finales de siglo, los cubanos se alzaron en armas para conseguir la independencia. Estados Unidos, que entraba entonces en la rebatiña imperialista del planeta, aprovechó la ocasión para intervenir en el conflicto, marginar a los mambises y derrotar a las fuerzas españolas. Luego, en vez de propiciar la soberanía y la libertad de la Isla, estableció un protectorado neocolonial para explotar al pueblo y saquear sus riquezas naturales.

Tras 50 años de República Mediatizada, Cuba seguía siendo un país oprimido, atrasado y miserable, solo que esta vez por culpa de los yanquis. Algo así como una mezcla de Haití y Paraguay, con vudú (santería) pero sin guaraníes. Había 200 familias ricas que administraban los casinos de la mafia de Nueva York y los burdeles adonde acudían a desfogarse los es-

180

tadounidenses, reprimidos por la ética protestante y el capitalismo salvaje del complejo industrial-militar implantado por obra y arte de Wall Street. Las masas de analfabetos famélicos, carentes de empleo, vivienda y atención médica, hallaron en un joven y audaz revolucionario al caudillo que los conduciría a la redención. Ese jefe, al frente de una guerrilla de 500 obreros y campesinos, logró derrotar a un ejército de 70.000 soldados adiestrados y equipados por Estados Unidos y entró triunfante en La Habana, donde constituyó un gobierno nacionalista, totalmente consagrado a erradicar la corrupción y las lacras sociales. Barrió la prostitución, eliminó el analfabetismo y fundó hospitales. Al tiempo que entregaba la tierra a los campesinos y las fábricas a los obreros, reducía a la mitad el costo de los alquileres y los servicios de agua y electricidad, y multiplicaba por cuatro el nivel de vida de las clases miserables, que eran —como queda dicho— la inmensa mayoría.

Todas esas medidas populares y nacionalistas provocaron la reacción airada de Estados Unidos y la burguesía cipaya —las 200 familias— que empezaron a atacar a la revolución. Esta, naturalmente, se dotó de Comités de Defensa y de un nuevo y poderoso ejército para defender las conquistas del pueblo. Y como la reacción proyanqui redobló los ataques y Washington impuso un bloqueo, la revolución nacionalista y popular tuvo que echarse en brazos de la Unión Soviética, que le facilitó armas, petróleo y alimentos para resistir a la agresión imperialista. Y hasta le prestó unos misiles nucleares, que nunca llegaron a usarse (episodio que los hagiógrafos del Comandante tratan de mencionar lo menos posible).

Luego vendrían años gloriosos en los que Cuba ganaría muchísimas medallas olímpicas, mandaría a su ejército a luchar contra el apartheid en África, apoyaría a las guerrillas en Latinoamérica y llegaría a presidir el Movimiento de los Países No Alineados. En el interior de la Isla, a pesar del bloqueo imperialista, los logros no eran menores: escuelas en el campo, médicos de familia, ollas arroceras, picadillo de soya, helado de moringa, tilapia transgénica, vacas enanas, microjet, revolución energética, batalla de ideas y muchas otras iniciativas geniales, nacidas todas del extraordinario caletre de Castro I, como Minerva del cráneo de Júpiter.

Tras el derrumbe del socialismo real en el este de Europa, la desaparición de la Unión Soviética y la reconversión capitalista de China y Vietnam, Cuba inició el Periodo Especial en Tiempo de Paz: resistió y se convirtió en depositaria de las esencias del comunismo —junto con Corea del Norte, aliado incómodo—, gracias al apoyo solidario de algunos gobiernos progresistas, en particular el de Venezuela.

Es obvio que este relato histórico oculta una parte considerable de la realidad y tergiversa la otra en múltiples aspectos. Por ejemplo, el papel real que desempeñó EEUU en la vida de la Isla desde principios del siglo XIX y el que tiene ahora; el grado de independencia y los logros económicos y sociales de la República hasta 1959; las causas esencialmente políticas de la revolución contra Batista; el dinero de las clases acaudaladas que decidió la victoria de los rebeldes y el plan para imponer un régimen totalitario y antiyanqui, que Castro empezó a ejecutar desde los primeros días de su entrada en La Habana.

Tampoco tiene en cuenta la pedagogía del terror mediante las ejecuciones y la represión policial; la creación de un inmenso sistema carcelario; la función del exilio; el interés de Castro en provocar un «ataque nuclear preventivo» durante la crisis de 1962; las consecuencias de su belicosidad planetaria; los efectos desastrosos de sus medidas políticas —desde la reforma agraria hasta la estatización total de la economía— sobre la vida y el futuro de los cubanos; la violación institucionalizada de derechos humanos en la Constitución y el Código Penal; o su apoyo a tiranos sanguinarios como Macías, Videla, Gaddafi o Mengistu Haile Mariam, este último todavía prófugo de la justicia internacional. Ni siquiera el conjuro que más se repite estos días, el de los logros del castrismo en educación, salud pública y deporte, resiste el más mínimo análisis con los datos objetivos a la vista.

En un artículo publicado recientemente, la periodista Marian L. Tupy, citando estadísticas del Departamento de Estado, señalaba: «De mediados del decenio de 1950 al de 1990, la alfabetización creció en Cuba en un 26%. En Paraguay, bajo el dictador Stroessner, aumentó en un 37%. En Haití, el país más pobre del hemisferio, progresó en un 346%».

Y agregó los siguientes datos: «El consumo de alimentos disminuyó en Cuba en ese periodo, en un 12%. En Chile, aumentó un 19% y en México, un 28%. La tasa de autos por habitante se redujo en Cuba a un ritmo anual del 0,1%, mientras que en Brasil aumentaba un 16%, en Ecuador un 25% y en Colombia un 26%».

«En lo tocante a mortalidad infantil, entre 1963 y 2015 declinó en Cuba un 90%. En Chile se redujo en un 94% y en América Latina y el Caribe, en promedio, disminuyó un 86%», añadió.

«Por lo que atañe a la esperanza media de vida entre 1960 y 2015, en Chile aumentó un 42%, y en el conjunto de América Latina y el Caribe, un 34%. En Cuba creció un 25%».

La conclusión de la autora es que casi todos los logros que el castrismo reivindica como específicos del sistema socialista también se han alcanzado en otros países, con un costo humano muchísimo menor.

Los datos y las comparaciones de este tipo podrían multiplicarse en casi todos los órdenes, como han demostrado notables expertos y académicos, sobre todo desde la caída del Muro de Berlín. Pero estos elementos de juicio hacen poca mella en el mito castrista, porque la fabulación elaborada por la propaganda de La Habana y de la que se han nutrido durante medio siglo las fuerzas «progresistas» del planeta es una construcción irracional impermeable a la evidencia, una creencia cuasi religiosa que triunfó porque se ajustaba a los rencores, prejuicios y anhelos de buena parte del mundo occidental en el decenio de 1960.

Desde los primeros días de 1959, Castro hizo de la confrontación con EEUU la razón de ser de su vida y su gobierno; todos los que por motivos reales o imaginarios se sentían agraviados por el «imperialismo yanqui» apoyaron automáticamente al gárrulo dictador y pasaron por alto los datos objetivos de la realidad cubana.

Tras el fracaso de la utopía revolucionaria en la URSS, España y China, Cuba encarnó en diversos momentos los sueños de un abigarrado grupo de gente: anticapitalistas, maoístas, comunistas prosoviéticos o no, ecologistas, trotskistas y partidarios de la teología de la liberación. Castro era un David barbudo que luchaba a brazo partido contra el Goliat imperialista. Además, en la Isla había mojitos, habanos, rumba y mulatas muy fotogénicas. Las masas pedían paredón a ritmo de conga, mientras el Máximo Líder las arengaba con discursos de siete horas.

Al arraigo de esta ficción contribuyó también la ignorancia supina de lo que había sido la historia de Cuba republicana.

De 1902 a 1959 no ocurrió en la Isla nada que mereciera un titular de primera plana en la prensa internacional. Todos los hechos que los cubanos consideran magnos hitos históricos fueron sucesos de importancia estrictamente local: la revolución de 1933, la Constitución de 1940, el golpe de Estado de 1952 e incluso la revolución de 1957-1958 y la huida de Batista a finales de ese año. Ni siquiera la propia victoria de Castro suscitó mucha atención en el resto del mundo. En todo el periodo, solo los altibajos de la producción azucarera y las nuevas modas musicales atraían de vez en cuando las miradas hacia La Habana.

La prensa y las cancillerías del planeta empiezan a fijar su atención en Cuba en 1959, cuando a las pocas semanas del triunfo, Castro inicia la pugna con Estados Unidos y comienza a enviar expediciones militares al exterior.

Casi 60 años después, el castrismo ha acumulado un voluminoso expediente de fusilamientos, cárceles y campos de trabajo forzado, confiscación de propiedades legítimas, destierro de miles de ciudadanos, militarización y rígido control de la vida privada, monopolio del partido único, estatización y fracaso económico, opresión religiosa y censura, adoctrinamiento y sujeción de la cultura, persecución de homosexuales, sometimiento de los sindicatos y un largo etcétera de violaciones de derechos humanos sobre las que aún se asienta el régimen.

Esa realidad es la que, todavía hoy, muchos elogian o justifican en la persona de su difunto creador. Socialismo o muerte (valga la redundancia). Casi ninguno de los turiferarios del castrismo en Occidente habría deseado públicamente para su propio país el destino que Castro les impuso a sus súbditos. Pero todos lo justificaron alegremente entonces —y muchos lo siguen haciendo ahora— porque, en el fondo, consideran a los cubanos como carne de cañón de la revolución socialista mundial, esa entelequia sanguinolenta.

EL ESTADO DE LAS CREENCIAS

Bien entrada la tercera semana del año I de la era D.C. (después de Castro), que empezó la medianoche del pasado 25 de noviembre, cabe preguntarse: ¿Cuál es el estado de las creencias en Cuba? ¿Qué queda de la ideología castrista, que durante más de medio siglo fue el pensamiento único, oficial e indiscutible de millones de cubanos?

Las creencias del Estado ya las conocemos. Están petrificadas para la eternidad en la Constitución intocable y son las mismas que los jerarcas juran tener y repiten mecánicamente en sus discursos, aunque algunos síntomas inducen a pensar que de dientes para adentro tal vez esas convicciones no sean tan sinceras como aparentan. Ahora habría que indagar por las creencias profundas de la población, ésas que conforman lo que en sociedades menos sujetas al control estatal suele denominarse «opinión pública».

La tarea es complicada, porque el objeto de investigación —la ideología castrista— ha sido un poco camaleónica y porque los sujetos que la han asimilado desarrollaron al mismo tiempo un mecanismo de simulación que les permite pensar una cosa, decir otra y hacer una tercera sin que la menor sombra de contradicción les nuble la mirada. Esa disociación entre las ideas, la expresión personal y la actividad real es lo que en otras páginas he denominado la *trizofrenia* cubana.

En la trayectoria que va desde el intento de golpe de Estado del 26 de julio de 1953 en Santiago de Cuba —un ataque terrorista que se saldó con 70 muertos, remedo del *putsch* que Hitler había intentado 30 años antes en Münich— hasta el discurso de despedida ante el VII Congreso del Partido Comunista, que Castro I balbució en abril de este año enfundado en un chándal de Adidas, hubo numerosas contradicciones e incoherencias en materia de ideología.

185

Nacionalismo, socialdemocracia, constitucionalismo liberal, socialismo tropical, estalinismo rancio, tercermundismo belicoso, numantinismo comunista, socialismo del siglo XXI, capitalismo de Estado: todo eso y más ha sido sucesivamente (y a veces simultáneamente) la ideología predicada por Castro I y sus seguidores.

A la vista de estas mutaciones, desde 1959 lo más seguro para los súbditos fue limitarse a repetir las consignas del último discurso del Máximo Líder, sin empeñarse en recordar lo que había dicho o escrito anteriormente y sin atreverse a comparar las ideas de ayer con las de hoy. En ese contexto, la ideología quedó a merced de los humores y las tácticas del Conspirador en Jefe, que no podía malgastar en florituras del pensamiento las pocas horas que le quedaban al día, ocupado como estaba en promover la insurrección antiyanqui a escala planetaria y eludir los centenares de atentados que la CIA organizaba cada semana contra su revolucionaria persona.

Pero, muerto el caudillo y huérfano el pueblo de su palabra orientadora, ¿cuáles son las creencias que prevalecen hoy en la Isla?

Dejemos a un lado el sainete del cortejo fúnebre y la urna de cristal, las lágrimas vertidas en público a partir del momento en que su hermano Raúl chasqueó los dedos y ordenó: «A llorar» (tres días después del óbito) y la ridícula liturgia que obligó a millones de personas a desfilar ante un retrato y unas medallas anacrónicas, bajo la raspadura de Martí. Nada de eso refleja en realidad las ideas y los sentimientos que los cubanos albergan en su fuero interno con respecto al régimen.

Muchos que hoy se sorben los mocos ante el pedrusco sembrado en el cementerio de Santa Ifigenia sueñan secretamente con huir cuanto antes a Estados Unidos. Otros que aplauden rabiosamente al nuevo/viejo presidente, ya calculan cómo pedirán asilo en la próxima misión internacionalista. En las condiciones actuales, no hay encuesta, estudio o cálculo que pueda arrojar un resultado cabal sobre el estado de las creencias en Cuba. La *trizofrenia* lo impide.

Pero, más allá de lo que los cubanos declaran a la prensa o lo que fingen en público, algunas conductas individuales o colectivas sí apuntan a determinadas convicciones profundas. Procedamos con cautela:

Parece haber consenso acerca de la inviabilidad del sistema de economía estatizada. Son cada vez más numerosas las personas que tratan de buscarse la vida al margen del aparato oficial de producción de bienes y prestación de servicios. Buena parte de esas iniciativas recaban el apoyo de parientes y amigos que viven en el extranjero. No está de moda ser funcionario.

Lo anterior sugiere que hay cierta desconfianza en el rumbo del país y la clarividencia de sus dirigentes. Los sucesos ocurridos desde la caída del

Muro de Berlín y la previsible pérdida de los subsidios venezolanos han socavado la fe en el porvenir luminoso del socialismo y el carácter eterno de las dictaduras comunistas. Al parecer, la mayoría cree que en lo sucesivo todo dependerá de la relación bilateral con Estados Unidos y del grado de capitalismo que el gobierno tolere.

Esta impresión se refuerza por la crisis demográfica y el aumento de la emigración irregular. Las cubanas paren cada vez menos y los jóvenes huyen de la Isla por cualquier medio, incluso jugándose el pellejo en una balsa. Estas tendencias están presentes desde hace mucho, pero se han agravado en los últimos años.

Prevalece una gran confusión en lo tocante a la política. La mayoría parece ignorar cuáles son sus derechos inherentes y de qué libertades deberían disfrutar, en virtud del derecho internacional que el propio Gobierno reconoce y acata de cara al exterior, pero incumple en el interior del país. Este desconocimiento se complica con los hábitos de servidumbre inducidos por el prolongado dominio del régimen y los temores sembrados por la propaganda del PCC (amenaza de revancha de la «mafia de Miami», explotación del «capitalismo salvaje», previsible desaparición de escuelas y hospitales «gratuitos» en caso de que cambie el Gobierno y un largo rosario de clichés y falsedades, basado casi todo en el miedo a la libertad, que ya explicara Erich Fromm).

Pero, a fin de cuentas, estas conjeturas son apenas aproximaciones. Entonces, ¿cómo saber en qué creen y qué quieren realmente los cubanos? La única manera de saberlo sería dejar que expresaran libremente sus preferencias, tanto en política como en otros ámbitos de la vida. Esto conduciría, en última instancia, a la celebración de elecciones libres, bajo supervisión internacional.

Que los grupos y partidos políticos expongan libremente sus idearios y los ciudadanos voten por los candidatos y programas que prefieran. Solo así podría saberse si desean seguir viviendo bajo el régimen que Castro I les dejó en herencia o si escogen un modelo de democracia liberal y economía de mercado. Pero ese derecho a elegir el gobierno que la mayoría apruebe mediante el voto libre y secreto, consagrado en la Declaración Universal de Derechos Humanos, es lo que el PCC, los generales y la dinastía castrista están decididos a impedir por cualquier medio.

La democracia y la libertad no son inevitables, sino más bien lo contrario: son el fruto de una construcción ardua y complicada. Los opositores no deberían incurrir en la superstición marxista de creer que los cambios en la base económica van a acarrear automáticamente la transformación de la superestructura política y la transición a un régimen democrático.

Desde la consolidación del totalitarismo castrista, allá por 1962, la sociedad cubana ha demostrado una capacidad casi ilimitada de soportar en silencio la penuria material y la supresión de sus derechos. La posibilidad de huir al extranjero y las remesas procedentes de Miami han ayudado no poco a paliar el sufrimiento impuesto por el sistema. Pero tanto una como otra son factores que contribuyen también a la estabilidad del régimen.

La transición democrática, si alguna vez se inicia, no vendrá de las reformas económicas ni de la buena voluntad de algunos burócratas fatigados. Nadie nos va a regalar a los cubanos los derechos y las libertades a los que secretamente (quizá) muchos aspiran, si nosotros mismos no empezamos por exigirlos.

REPÚBLICA LIBERAL/REVOLUCIÓN SOCIALISTA

El 20 de mayo de 2017 se cumplió el 115 aniversario de la fundación de la República de Cuba. La fecha, que pasó inadvertida para casi todo el mundo, tiene importancia por sí misma, porque marca el momento en que la última provincia americana de España se separó de la Corona y se constituyó en Estado soberano, y porque señala el punto del calendario en el que la república liberal, nacida de las luchas independentistas del siglo XIX, y la república socialista, resultado de las querellas políticas del siglo XX, alcanzaron exactamente la misma edad: 57 años.

Conviene aclarar que se trata aquí de precisión histórica, es decir, de equivalencia entre dos periodos y no de exactitud matemática. Es posible deducir del cómputo los tres años de la segunda intervención estadounidense (1906-1909) en los que la República estuvo en suspenso, como también sería válido descontar los dos primeros años (1959-1960) que constituyeron la transición o prólogo semiliberal a lo que luego sería el régimen totalitario de los hermanos Castro. Pero esos ajustes no alterarían lo esencial: ambas etapas son ahora perfectamente homologables entre sí y, de hecho, comparables también con la fase insurreccional que precedió a la República, que se prolongó de 1847 a 1898.

No obstante, para que una comparación entre la etapa liberal y la etapa socialista de la República tenga algún sentido, es preciso situar ambos periodos en sus contextos respectivos. Existe la tendencia a hablar de «Cuba» o del «pueblo cubano» como entidades ahistóricas, como sujetos que, una vez constituidos en el primer tercio del siglo XIX, hubieran atravesado, invariables e idénticos a sí mismos, los casi 200 años que separan al régimen de las facultades omnímodas del momento presente. Pero esa ilusión de trascendencia soslaya el hecho obvio de que tanto la población de la Isla como las ideas y creencias vigentes, la situación política, las condiciones socioeconómicas y el contexto internacional, fueron muy diferentes en cada una de esas etapas.

Es imposible llegar a entender lo que era Cuba en 1959 si no se tiene en cuenta el punto de partida de 1899. Al concluir la segunda guerra de independencia, la Isla se hallaba devastada por un conflicto que había resultado particularmente mortífero para la población civil y había quebrantado gravemente sus pilares económicos. La estrategia de «reconcentración» del general español Valeriano Weyler y la estrategia de la «tea incendiaria» del general cubano-dominicano Máximo Gómez acabaron respectivamente con el 20% de la población y con la mitad de la riqueza agroindustrial. La producción de azúcar, tabaco, ganado y otros productos había mermado considerablemente en comparación con 1895. No había comunicación terrestre directa entre La Habana y Santiago, las epidemias de cólera y fiebre amarilla eran todavía frecuentes, y sin duda más de la mitad de la población era analfabeta.

En el medio siglo siguiente, la producción de azúcar se multiplicó por ocho enteros, la esperanza de vida se duplicó con creces, pasando de menos de 30 a más de 65 años, el número de viviendas con agua corriente se triplicó y el analfabetismo se redujo a menos de la mitad.

Pero las estadísticas sólo reflejan parcialmente el grado de modernización y desarrollo que el país conoció durante la república liberal. En esos 57 años se introdujeron en la Isla el cine, la radio, los automóviles, el ferrocarril central, la aviación y, a partir de 1949, la televisión. Se erradicaron las pandemias más dañinas, se construyeron y dotaron decenas de escuelas y hospitales. Mientras se lograba todo esto, Cuba acogió y dio trabajo a más de un millón y medio de inmigrantes, muchos de los cuales enviaban remesas periódicas a sus familias en España, Jamaica, México y otros países. Esta transformación ocurrió en un contexto internacional no siempre favorable, en el que acontecieron dos guerras mundiales, la gran depresión de 1929, la fiebre nacionalista que tanto afectó al comercio entre los países y la revolución de 1930 contra el general Machado, cuyas consecuencias repercutirían en toda la sociedad hasta mediados del decenio siguiente. Era un mundo en el que prácticamente no había organismos de cooperación internacional ni existía el concepto de ayuda al desarrollo. Y todo eso en un país que, según la interpretación marxista de la historia, era víctima de los monopolios yanquis, la codicia de los empresarios capitalistas y el saqueo de sus gobernantes venales.

Cuando en 1959 la insurrección acaudillada por Fidel Castro derrocó al Gobierno de Fulgencio Batista, Cuba era uno de los países más desarrollados de América Latina y mostraba índices socioeconómicos superiores a los de muchas regiones del centro de EEUU o del sur de Europa. Pero los cubanos no solían compararse con los granjeros de Oklahoma ni con los aparceros del Algarve, y mucho menos con sus homólogos de Honduras o Colombia. La referencia obligada era París-Londres-Nueva York y, cuando el orgullo aflojaba, Madrid.

Según las promesas de sus dirigentes, la Revolución venía a restaurar el régimen democrático bajo los auspicios de la Constitución de 1940 y a continuar, con algunas correcciones, el esfuerzo desarrollista del periodo anterior. Pero en realidad los hermanos Castro y su círculo íntimo traían un plan diferente y secreto, que empezaron a aplicar en cuanto ocuparon los principales centros de mando.

Ese proyecto, que tan claramente han explicado escritores y testigos como Rufo López Fresquet, Manuel Urrutia, Elena Mederos, Tad Szulc y otros, estaba basado en la vulgata marxista-leninista: en un país del Tercer Mundo la verdadera independencia nacional y el desarrollo económico acelerado sólo podían alcanzarse mediante la implantación de una «dictadura del proletariado», que estatizara la economía, aplastara a la «burguesía cipaya» y quebrara la subordinación a las potencias imperialistas.

En el caso de Cuba, la aplicación de esa fórmula entrañó la confiscación del capital nacional y extranjero, la creación de un enorme aparato represivo (paredones de fusilamiento, comités de delatores, cárceles y campos de trabajo forzado) y la ruptura con EEUU, en el marco de una estrategia que sólo fue posible gracias a la protección militar, diplomática y económica de la URSS. Tras un bienio de intensa resistencia a la implantación del régimen comunista, el Gobierno de partido único y comandante único se consolidó en 1962.

Durante los 54 años siguientes, el régimen castrista ha dispuesto de todos los recursos del país y de un enorme volumen de subsidios —primero de la URSS, luego de Venezuela— para potenciar el desarrollo de una sociedad que ya en 1959 generaba una riqueza considerable. Además, ha realizado su tarea en una era de relativa paz y grandes avances tecnológicos, en un contexto internacional muy favorable al desarrollo económico, con ayuda de organismos multilaterales, manteniendo relaciones comerciales con el mundo entero —salvo con EEUU— y sin tener que preocuparse de huelgas, manifestaciones estudiantiles, reivindicaciones minoritarias, críticas de los medios de comunicación ni otras presiones sociales. La prensa, las centrales sindicales, las iglesias, las agrupaciones estudiantiles y todas las demás entidades de la sociedad civil han cumplido siempre con las orientaciones del Partido Comunista (PCC).

Lo que el castrismo ha logrado en condiciones tan ventajosas salta hoy a la vista: una crisis demográfica de difícil solución, una economía quebrada, un endeudamiento colosal (que ahora le van perdonando sus acreedores, casi avergonzados de haber exigido alguna vez lo que les debían), ciudades que se caen a pedazos y condiciones de vida miserables para la mayoría de la población. Cuando se consideran las carencias de agua corriente, electricidad, transporte, vivienda, ropa y alimentos que los cubanos han padecido en el último medio siglo, resultan casi irrisorios los logros que pregona la propaganda gubernamental, al ensalzar a la santísima trinidad que forman la educación, la sanidad y el deporte.

No es preciso evaluar los contenidos de la enseñanza, la calidad de la atención médica y el costo de las medallas olímpicas para concluir que el balance es desolador. Porque a esos flacos resultados, poco más se puede añadir: el ballet, algunas películas costumbristas, un sector de biotecnología no homologado internacionalmente y un negocio turístico que apenas empieza a recuperar el pulso que tuvo en la década de 1950. (El volumen del turismo mundial se ha multiplicado por 40 desde esa época. En 1957, Cuba ya recibía más de 300.000 visitantes al año, principalmente de EEUU y Canadá. Si el Gobierno actual hubiera aplicado otra política, en lugar de celebrar hoy los tres millones que acoge, estaría llegando a los 12 millones.) Pero, evidentemente, cuando se dispone del diario Granma y del monopolio absoluto de la radio, la televisión, el cine, la prensa plana y el sistema educativo, no resulta difícil convertir el revés en victoria, todos los días del año, si es preciso.

Por deficientes que sean los resultados materiales de medio siglo de socialismo, las consecuencias morales son mucho peores. Tres generaciones de cubanos se han acostumbrado a vivir en la mentira, sin derechos y sin decoro. Un millón y medio han huido al extranjero, en busca de un horizonte de libertad y prosperidad que el régimen les ha negado. En la Isla, cientos de miles de jóvenes siguen viendo en la emigración la única perspectiva de progreso para ellos y sus familias.

¿Cómo pudimos caer tan bajo?, se preguntan todavía muchos cubanos que tienen edad y memoria suficientes para recordar cómo era el país antes de 1959.

La explicación de las corrientes profundas que hicieron posible este fracaso colectivo exigiría otro texto, al menos tan extenso como este. Baste decir, por ahora, que el excelente desempeño socioeconómico de la República no estuvo acompañado de una evolución similar en la esfera política nacional. La clase política fracasó y, al naufragar, arrastró consigo todo lo demás: Estado, economía, cultura y desarrollo social.

En estos años, millones de cubanos han sacrificado su libertad y sus derechos, al dejarlos en manos de un caudillo iluminado y verborreico, que pretendía saberlo todo y tomar decisiones infalibles, y que, para más inri, ha pretendido establecer una dinastía de estilo norcoreano.

La regeneración que ahora empieza a vislumbrarse va a ser muy complicada. Y en el contexto actual, no queda otro camino que asumir íntegramente el pasado, con sus luces y sus sombras, y tratar de recuperar el rumbo que se perdió en 1959. Sin optimismo pueril, sin certeza alguna de final feliz, pero con la esperanza de que con esfuerzo, inteligencia y buena voluntad quizá se logre alcanzar un nuevo 20 de mayo. Para que Cuba llegue a ser, por fin, la República que soñaron sus próceres, con todos y para el bien de todos.

AVISO A NAVEGANTES Y GUÍA DE PERPLEJOS

Los últimos sucesos de Venezuela entrañan una advertencia para los cubanos. Son un aviso a quienes creen que las elecciones abren el camino para salir del totalitarismo: en diciembre de 2015 la oposición ganó allí los comicios y obtuvo el 70 por ciento de los escaños de la Asamblea Nacional; desde entonces el parlamento no ha logrado que el gobierno ponga en vigor ni una sola de las leyes aprobadas por la Cámara. Pero también son un aviso para quienes creen —como creo yo— que la solución radica en llevar a las calles la protesta popular contra el régimen y despojarlo de toda legitimidad residual. Los venezolanos han puesto ya 30 muertos sobre la mesa de negociaciones y la dictadura de Nicolás Maduro no se ha dado por enterada.

Si bajo el yugo del comunismo dinástico ni las manifestaciones masivas ni las victorias electorales parecen servir de nada, ¿cuál es la solución? ¿Cómo se pasa de la tiranía del partido único, la policía política y la economía estatizada e ineficiente a un régimen de derechos, donde se celebren elecciones democráticas y se respete la vida, la libertad y los bienes de los ciudadanos?

Con la mitad de ese rechazo social manifestado abiertamente cayeron las autodenominadas *democracias populares* del Este de Europa. Pero, como señalan Horowitz, Montaner y otros autores, el comunismo dinástico es más duro de pelar. Ahí están Corea del Norte, Cuba y Venezuela para demostrarlo. A sus gestores, lo que el pueblo prefiera o lo que opine la comunidad internacional, les tiene sin cuidado. Los pactos internacionales, también.

Hasta ahora, uno de los axiomas del «socialismo del siglo XXI» era llegar legalmente al poder y ejercerlo preservando lo más posible una fachada de democracia burguesa y, al mismo tiempo, crear las condiciones para vaciar de contenido las instituciones del Estado. Con el ejército sobornado y

194

penetrado por el espionaje cubano, la judicatura domesticada, el parlamento dividido y la prensa amenazada, sería relativamente sencillo dominar el país y conservar el poder *sine die*, incluso sin renunciar a la celebración de elecciones periódicas. En esas condiciones los estamentos intermedios que forman la sociedad civil —iglesias, sindicatos, prensa, asociaciones profesionales, etc.— no serían capaces de oponer demasiada resistencia al ejecutivo y la población en pleno terminaría por capitular y someterse al poder.

Ese enfoque funcionó bien mientras duró la burbuja petrolera, que le permitió a Chávez comprar adhesiones dentro y fuera del país. Pero una vez fallecido el fundador del sistema y deprimidos los precios del crudo por los avatares del mercado mundial, la prolongación de la estrategia se les ha puesto muy cuesta arriba a Maduro y sus padrinos habaneros, que lo auparon a Miraflores.

A partir de ahora, el régimen bolivariano tendrá que operar como una dictadura firmemente atrincherada tras un cerco de bayonetas o de lo contrario se verá obligado a entregar el mando a la oposición. La Constitución que promovió el finado caudillo de Barinas y que las masas entusiastas aprobaron por aplastante mayoría (en estos regímenes las mayorías siempre aplastan), conservó su validez mientras sirvió a los intereses de la camarilla dominante, que eran por su propia definición los intereses «del pueblo». Como ese apaño ya no funciona, el gobierno hace caso omiso de las normas que él mismo se impuso. Porque en el mundo del socialismo real el fin siempre justifica los medios. Y de lo que se trata allí es de preservar el poder de los jerarcas del partido gobernante, sus parientes y amigos boliburgueses, y seguir proporcionando a La Habana al menos una fracción de los subsidios petroleros indispensables para la subsistencia del tardocastrismo.

En ese contexto, el que piensa de otro modo y manifiesta su desacuerdo no es un adversario, sino un enemigo del pueblo. Su nicho ecológico es el paredón, la cárcel o el exilio. Si el régimen de Maduro consigue matar, encarcelar y expulsar del país a un número suficiente de venezolanos, como hicieron los hermanos Castro entre 1959 y 1962, quizá logre sobrevivir muchos años más. Sus mentores cubanos harán todo lo posible porque lo consiga y pondrán toda la carne ajena en el asador, cuidando bien de no involucrarse demasiado para que Estados Unidos no se sienta obligado a intervenir en el pugilato. En tiempos como los que corren y con un presidente como Trump en la Casa Blanca, mejor curarse en salud.

La oposición venezolana dispone todavía de un pequeño margen de oportunidad para echar a Maduro y sus secuaces, antes de que éstos den la última vuelta de tuerca e implanten un sistema de terror análogo al que permitió la supervivencia del castrismo en el decenio de 1960. Agotado ese plazo, la masa crítica opositora habrá disminuido y el miedo habrá aumentado lo suficiente como para asegurar la prolongación de la dictadura. Quienes en Cuba o fuera de ella sueñan con llegar a ser una oposición leal y reformar el castrismo «desde dentro», deberían tomar nota. Quienes creemos en la eficacia de la protesta popular, también.

Como otros regímenes totalitarios a lo largo de la historia y lo ancho del planeta, el comunismo leninista es irreformable. Los albaceas de la herencia que dejó el difunto Comandante Único lo saben de sobra.

Y Cuba no es Venezuela. Es mucho peor.

EL 18 BRUMARIO DE NICOLÁS MADURO

Dice Karl Marx que Hegel dice en alguna parte que todos los grandes sucesos y personajes de la historia universal se repiten, como si dijéramos, dos veces. «Pero», apostilla el panfletario renano, «Hegel se olvidó de agregar: una vez como tragedia y la otra como farsa».

La frase da comienzo a un célebre ensayo sobre el golpe de Estado de 1851 en Francia, que Marx tituló *El 18 Brumario de Luis Bonaparte*, en alusión a la fecha en la que, medio siglo antes, el otro Napoleón, «el de verdad», había alcanzado el poder supremo. La esencia del libro consistía en demostrar que la dictadura del sobrino era un imperio de mentirita, una farsa burguesa sin gloria ni heroísmo, un pálido remedo del régimen impuesto por su tío en la estela de la Revolución de 1789.

La descripción marxista del origen del Segundo Imperio francés le viene como anillo al dedo al golpe de Estado que Nicolás Maduro acaba de perpetrar en Venezuela el pasado 30 de julio. A pesar del lado trágico del asunto —los jóvenes manifestantes asesinados por la policía chavista y el riesgo de que el totalitarismo acogote definitivamente al país, con su secuela de muerte, prisión, miseria y exilio— el suceso y el personaje tienen un aire innegable de gran guiñol, de mojiganga tropical en la que, en cualquier momento, los personajes pueden despojarse de sus disfraces y desaparecer.

Por lo pronto, la maniobra certifica la defunción del «socialismo del siglo XXI», que tan cachondos ponía a algunos teóricos de la izquierda europea y estadounidense. Ese engendro, que Orwell seguramente hubiera abreviado con la sigla «socS21», fue el invento de Hugo Chávez para dominar el país y perpetuarse en el poder, manteniendo al mismo tiempo una fachada de legitimidad democrática que invalidara a críticos y opositores. Mediante una combinación de autoritarismo, corrupción y trapicheo político, sabiamente engrasada con los dólares del petróleo y el narcotráfico, los revolucionarios bolivarianos obtendrían el control del ejército, el parlamento, la judicatura, la prensa, los sindicatos, la iglesia y las demás agrupaciones de la sociedad civil. La estructura institucional se mantendría en pie, aunque vacía de contenido, como una escenografía de cartón piedra. El ejecutivo dispondría de una autoridad ilimitada e indefinida; los derechos y las libertades garantizados en la Constitución se volverían papel mojado. Y todo se lograría sin ejecutar ni encarcelar a demasiada gente, en contraste con lo que había ocurrido en Cuba medio siglo antes.

En realidad, el modelo no era tan novedoso como sus teóricos pretendían. La estrategia para implantar en Venezuela el socS21 se urdió en La Habana, cuyo gobierno auspiciaba desde finales del siglo pasado la carrera política de Chávez, y era una adaptación a la nueva circunstancia del método que Fidel Castro y sus secuaces había aplicado en Cuba en 1959. En enero de ese año, pocos días después del triunfo de la insurrección antibatistiana, Castro instaló un gobierno formado por liberales y socialdemócratas de probada solvencia democrática: el juez Manuel Urrutia, el abogado Miró Cardona, el catedrático Roberto Agramonte, el economista Rufo López Fresquet, la activista social Elena Mederos y el ingeniero Manuel Ray, entre otros. Pero el Consejo de Ministros deliberaba sobre temas intrascendentes y el Presidente carecía de poder para tomar decisiones de fondo. Como explica Tad Szulc en su biografía *Fidel: A Critical Portrait*, las leyes populistas que allanarían el camino al totalitarismo las redactaba secretamente en las afueras de la capital un equipo de dirigentes del Partido Socialista Popular (comunista) en colaboración con un reducido grupo de jefes del Movimiento 26 de Julio. Luego Castro las presentaba al Consejo de Ministros, no para que las discutieran o modificaran, sino para que estamparan sus firmas al pie del documento. Así se aprobaron la Reforma Agraria, la Reforma Urbana y un abanico de leyes y decretos confiscatorios que contribuyeron a la ruina del país y facilitaron la perpetuación de la dictadura marxista-leninista.

Pero Castro gozó de algunas ventajas que el chavismo no ha tenido, al menos hasta ahora. A la semana de alcanzar el poder ya habían desaparecido en la isla el ejército de la República, el Parlamento y los partidos políticos, y en el vacío jurídico creado por el cambio se instauraron a toda prisa los tribunales revolucionarios, que permitieron fusilar o encarcelar con visos de legalidad a todo el que estorbara. Lo demás fue un sangriento paseo de carnaval al ritmo de «paredón» y «pin pon fuera, abajo la gusanera».

Confrontado al fracaso del socS21 y a la insurrección popular contra el régimen, Maduro tratará ahora de reproducir en Venezuela el modelo que permitió en Cuba la entronización *sine die* del comunismo puro y duro:

miles de fusilamientos, decenas de miles de presos políticos y más de un millón de exiliados. La fórmula original funcionó muy bien en la isla, hasta el punto de que hoy, 60 años después, la misma familia sigue entronizada en el poder y el horizonte de los cubanos permanece tan sombrío como en el decenio de 1960. En cambio, el éxito de la copia tragicómica no está garantizado. Nada permite asegurar que en esta época Maduro y sus asesores cubanos puedan cometer con la impunidad suficiente el volumen de crímenes que una estrategia así exigiría.

Además, la torpeza con la que Maduro ha desempeñado sus funciones desde que llegó a la presidencia y el carácter masivo y resuelto de la insurrección civil lo han colocado en una situación muy precaria. Responsable directo de más de cien muertes, repudiado por la comunidad internacional y puesto en solfa por un sector crítico del propio chavismo, no es descabellado pensar que los jerarcas de La Habana podrían darlo por amortizado e intentar sacrificarlo en aras de un acuerdo con la oposición para salvar los muebles. El inefable guagüero aspirante a dictador vendría a ser así el buey expiatorio de un experimento —el socS21 con recursos menguantes— que no pudo sobrevivir a la muerte de su creador y a la caída de los precios del petróleo en el mercado mundial.

CUBA EN 2035

El futuro inmediato se presenta poco halagüeño para el régimen cubano. Cuatro años de gobierno republicano/populista —o tal vez ocho— en Washington, pérdida de aliados en Brasil y Argentina, crisis del chavismo en Venezuela, —que bien podría ser terminal—, senectud de la cúpula «revolucionaria» que ha dominado la isla los últimos 60 años, agotamiento de ese proyecto aburridísimo y empobrecedor que oficialmente se denominó «la construcción del socialismo y el comunismo» y síntomas de una evolución socioeconómica interna que no brinda muchos motivos de regocijo.

Pero, sin desatender esos factores de corto plazo, me gustaría invitar al lector a mirar un poco más allá y proponerle este ejercicio de imaginación: ¿Cómo ve Ud. a Cuba en 2035?

La fecha parece muy lejana, pero apenas está a 18 años del presente. Es decir, a menos de la tercera parte de lo que ha durado el régimen comunista implantado en 1959. Para los que aún conservan la memoria, es un plazo equivalente al que separó a la Constitución de 1940 del naufragio de la República en 1958. O como el tiempo transcurrido entre la Crisis de los Misiles de 1962 y la estampida del Mariel, en 1980. Un periodo muy corto o muy largo, según se viva.

Los castristas aspiran a que en esa fecha Cuba esté bajo un sistema muy parecido al actual con mínimos retoques, como los que ha aplicado el presidente Raúl Castro los últimos once años. Eso significa la continuidad de una apertura económica homeopática que otorgue, por ejemplo, nuevas licencias para el ejercicio particular de determinadas profesiones que ahora están limitadas al ámbito estatal, como la docencia o la medicina. Quizá se decrete una reforma administrativa para aliviar el control asfixiante que el Estado mantiene sobre el sector privado. O incluso podría aprobarse una nueva ley que dote de garantías jurídicas a los autónomos y pequeños empresarios, ahora tolerados. En la misma línea, el gobierno podría flexibilizar también las normas que rigen la inversión extranjera y autorizar la participación de algunos inversores cubanos residentes en el exterior, en plano de igualdad con los capitalistas foráneos.

Esas medidas no producirían cambios sustanciales en el sistema, que seguiría siendo una dictadura de partido único con una estructura política similar a la de China, aunque sí podrían enmarcar una lenta, lentísima evolución hacia concesiones más bien simbólicas en materia de derechos y libertades. Pero esos cambios parsimoniosos difícilmente lograrían frenar o modificar algunas tendencias profundas que operan actualmente y que parecen condenadas a empeorar la situación a medio y largo plazo.

La primera de esas tendencias es la crisis demográfica. La sociedad cubana envejece hoy a un ritmo rara vez visto en tiempos de paz. Cada año nacen menos niños y se prolonga un poco más la supervivencia de los ancianos. Cada día se marchan (o se marchaban, hasta enero de este año) más jóvenes al extranjero y se incorporan menos adultos a la vida laboral. Y, a diferencia de lo que ocurre en Europa, no hay inmigración a la vista que compense esa pérdida de personal activo. Según las estadísticas poco fiables que el gobierno emplea para maquillar la situación, desde hace una década la población total de la isla se encuentra estancada en unos 11 millones 300 mil habitantes. Si se descuenta la manipulación —por ejemplo, la nueva clasificación de miles de emigrantes como «residentes temporales en el extranjero» que no se restan del número total de habitantes censados— la realidad es que la población ha venido disminuyendo, al menos desde 2010.

Si a lo anterior se agrega el hecho obvio de que la productividad del trabajo en la isla se reduce paulatinamente por la mala gestión, la escasez de transportes, el envejecimiento de la maquinaria, la falta de incentivos, la corrupción y otros males clásicos del socialismo, el panorama resultante no es muy alentador. Hacia 2035, una masa laboral decreciente en número y rendimiento tendrá que sufragar los gastos de seguridad social —sobre todo pensiones y atención médica— de una legión de jubilados cada vez más numerosa, que vivirá más —gracias a las nuevas tecnologías y los medicamentos que envían los parientes emigrados— y que por la misma razón acumulará más padecimientos y necesidades de toda índole. De hecho, los jubilados cubanos afrontan ya esa situación con pensiones de unos 10 dólares mensuales y no todos tienen familiares en el extranjero dispuestos a ayudarlos. El deterioro de la infraestructura existente y la probada incapacidad del sistema para solucionar la escasez de vivienda no contribuirán a mejorar las condiciones de vida de ese sector de la población.

La segunda tendencia de fondo es la crisis económica, que en el sistema comunista cubano es un problema estructural, no coyuntural. Tras haber cambiado de rumbo en diversas ocasiones —industrialización acelerada / descarte de la industria; menosprecio del turismo / rehabilitación del turismo; concentración en la producción de azúcar / abandono del sector azucarero; penalización de la tenencia de dólares / dolarización; demonización del exilio / explotación de las remesas, etc.— el gobierno ha terminado por gestionar un aparato económico muchísimo menos productivo que el de la República que confiscó hace casi 60 años.

A la dependencia de los subsidios soviéticos siguió la dependencia de los subsidios venezolanos, ahora en peligro; la supuesta erradicación del desempleo se alcanzó mediante la multiplicación de puestos improductivos en el sector estatal; el abandono del sector azucarero representó la pérdida pura y dura de las tres cuartas partes de la base agroindustrial del país; la explotación de la mano de obra calificada que se exporta se realiza violando el derecho internacional y las normas éticas de la Organización Internacional del Trabajo. A fin de cuentas, quedan el níquel, el tabaco, los productos de biotecnología, el turismo y las remesas de los emigrados. Y todo eso acontece en un contexto donde el níquel y el petróleo se cotizan a la baja y el consumo de azúcar y tabaco marcha a contrapelo de las tendencias sanitarias mundiales.

La ineficiencia crónica de la economía nacional está ligada a múltiples factores, pero todos proceden de la misma causa: el monopolio estatal de los medios de producción. Y la razón de este monopolio es la necesidad de preservar los privilegios del Partido Comunista (PCC), que es la «fuerza dirigente superior de la sociedad y del Estado, que organiza y orienta los esfuerzos comunes hacia los altos fines de la construcción del socialismo y el avance hacia la sociedad comunista», como proclama el Artículo 5 de la Constitución. Mientras la prioridad fundamental del régimen consiste en mantener la hegemonía del PCC y no en mejorar las condiciones de vida de la población, cualquier medida de liberalización o apertura económica se aplicará con cuentagotas y tendrá efectos muy modestos sobre la realidad cotidiana de los cubanos.

El tercer factor, estrechamente vinculado a los anteriores, es el giro que va tomar el impulso migratorio. En los últimos 22 años, desde los acuerdos sobre el tema suscritos con Estados Unidos en 1995, ha salido de la isla poco más de un millón de emigrantes. Eso arroja un promedio de unos 50.000 prófugos anuales.

Pero, tras la abrogación de la política estadounidense de «pies secos/pies mojados» a principios de este año, la situación ha cambiado drásticamente.

Por primera vez en una generación, la esperanza de salida se reduce a los 20.000 visados del «bombo», e incluso estos podrían peligrar si el nuevo gobierno de Washington decidiera usarlos como palanca para influir en la conducta de los jerarcas de La Habana.

La imposibilidad de entrar masivamente en Estados Unidos no anulará la tendencia cada vez más acentuada a la emigración que prevalece entre la juventud cubana, pero sí dificultará considerablemente su realización. Nadie es capaz de prever qué repercusión podría tener ese embotellamiento a la vuelta de cinco o diez años. *Remember* El Maleconazo.

Esos tres factores componen un círculo vicioso: la crisis demográfica empeora la situación económica y este deterioro genera nuevos emigrantes, lo que a su vez agrava el déficit de población. Esa combinación es nociva para el país, por más que el emigrante se convierta pronto en fuente de remesas y en candidato a regresar periódicamente a la isla en calidad de turista.

Es difícil entrever en la política actual del gobierno cubano una solución para esos tres problemas conexos. Aunque algo sí parece evidente: con el transcurso de los meses, los *mayimbes* cubanos irán comprendiendo que fue un error reclamar a Estados Unidos el fin de la política de pies secos/ pies mojados. Con los deseos hay que tener mucho cuidado, incluso en Cuba, porque a veces se cumplen.

En esta situación, las nuevas generaciones de cubanos crecerán cada vez más alejadas de la retórica hueca de la revolución redentora y «los altos fines de la construcción del socialismo». Aunque el gobierno no lo reconozca, ahora el objetivo nacional es el perfeccionamiento del capitalismo y la obtención de beneficio personal. Para que esas tareas den buenos resultados, es preciso ampliar el ámbito de derechos y libertades. Si el régimen actual frena esa transformación, la sociedad y la economía seguirán deteriorándose gradualmente, hasta convertir a la isla en un sultanato donde 200 familias opulentas (las de los miembros del Comité Central del PCC y los generales del ejército) reinarán sobre varios millones de ancianos miserables y jóvenes candidatos al exilio. Esta perspectiva no es una pesadilla de ciencia ficción, sino una configuración muy plausible que ya empieza a perfilarse.

La reorganización de la estructura social y política impuesta por la revolución de 1959 dejó al individuo aislado e inerme ante el inmenso poder del Estado, al suprimir o vaciar de contenido a todas las instancias intermedias. En eso consiste el totalitarismo. Se implantó entonces un sistema que durante seis décadas ha permitido reunir en un solo equipo —y casi siempre en un solo hombre— los poderes ejecutivo, legislativo y judicial. A partir de 2018, cuando Raúl Castro pase a retiro o a mejor vida, esas 200 familias tratarán de ponerse de acuerdo para repartirse armónicamente las competencias que hasta ahora han sido monopolio del máximo líder. Tras la muerte de Stalin en 1953, un pacto así funcionó en la Unión Soviética durante 38 años. Por supuesto, eran otros tiempos.

ÍNDICE

.

www.ingramcontent.com/pod-product-compliance
Lightning Source LLC
Chambersburg PA
CBHW031509270326
41930CB00006B/316